JN061544

労働安全衛生法で
学校・教職員の働き方を変える

～教育委員会・学校管理職・教職員 必携の書～

はじめに

　今、学校の働き方改革が求められています。2017 年に働き方改革をテーマとする中教審が発足し、約 1 年半の活動を終えて答申が出されました。文部科学省（以下「文科省」）は答申を踏まえて働き方改革の具体化を推進するための通知を 2019 年に矢継ぎ早に出しています。いまだかつてない動きです。

　このような動きの背景には、教職員の長時間労働の問題、過労死の危険、多忙化解消のための対策、メンタルヘルス対策等が喫緊の課題となっている事情があります。

　文科省の勤務実態調査によると 1966 年の時の時間外勤務は月に約 8 時間でした。

　50 年後、2016 年の調査では時間外勤務は月に約 80 時間となり 10 倍にまで増えていました。

　もはや、これ以上看過できない状況となっています。

　なぜ、こんなことになってしまったのか。

　原因はいくつかありますが、主たる要因として学校の安全衛生活動が十分機能してこなかったからではないかと考えています。

　教育委員会や学校での取り組みには温度差があり、法令に基づく安全衛生活動を行っているところはありますが、多くは形式的・形骸化しているのが現状となっています。

　労働安全衛生法（以下「労安法」）にもとづく学校での安全衛生活動が地道に取り組まれていれば、長時間労働の問題や過労死の危険、メンタルヘルス不調等はここまで深刻にならなかったのではないかと思います。

　私は教員として約 40 年勤め、退職後は産業カウンセラー、労働安全衛生アドバイザーとして学校や教育委員会での安全衛生研修会の講師活動を行っています。

　現職の頃は衛生管理者資格を取得し学校の衛生管理者として教職員の安全衛生のために職務を遂行しました。

　埼玉県川口市の「教職員安全衛生管理規程」の検討・策定にかかわり、退職まで川口市の衛生委員として任務を果たしました。

　約20年近いこれらの経験で多くのことを学ぶことができました。この経験が安全衛生の相談活動や講師活動に非常に役立っております。

＊よりよい教育を保障するためには教職員の心身の健康が重要。学校の安全衛生活動は、その土台となるもの。

＊教育関係者の皆さんに、安全衛生に関する基本的な知識・理解を深めて取り組んでほしい。

＊全ての学校で労安法にもとづく具体的な安全衛生活動を行ってほしい。

　このような思いが、この本を発行する動機、願いです。

　安全衛生の取り組みを実施するためには、必要な予算の確保と人の配置がなければ何もできません。

　教育委員会の安全衛生にかかわる予算はいまだ少ないのが実態です。

　「予算が少ないので安全衛生の取り組みができない」という悩みを担当者の方から聞くことがあります。

　教職員の安全と健康確保、安全衛生対策は事業者である教育委員会の責務ですから予算の確保と人的配置は不可欠のものです。

　働き方改革の取り組みを具体的に進めるのは学校ですが、学校が動くためには教育委員会の方針と具体化のための指針、財政的措置が必要となります。

　教育委員会の皆様あてに、必要な事柄について助言・提起をさせていただきました。

　毎日顔を合わせ、児童・生徒たちのために奮闘し頑張っている教職員の様子を一番知っているのは管理職の皆さんです。

　教職員が心身共に健康で、生き生きと働けるための労働条件、労働環境について細心の注意を払い取り組みを行うのは管理職の務めです。管理職として、どのようなことに留意すればよいかについて助言・提起をさせて頂きました。

　「児童・生徒たちのためによい教育をしたい」という思いで日夜奮闘しているのが教職員の皆さんです。

自分の心身の健康を二の次にして、ひたすら教育活動に励んでおられますが、健康なくしてよりよい教育を保障することは叶いません。

　学校は、大変厳しい労働環境にあります。

　だからこそ、健康を損ねない働き方、心の健康保持に留意して職務に専念していただくために助言・提起をさせていただきました。

　教育委員会、管理職、教職員の三者が意識してそれぞれの責任を果たすことで働きやすい労働環境と、教育の目標を実現することができるのです。

　学校・教職員の働き方改革のために中教審答申、その具体化を求める文科省通知等、いまだかつてない動きが始まっています。

　今が働き方改革のチャンスです。本気の改革が求められています。

　そのために、安全・衛生に関する最新の研究成果や法律を根拠とした提起を本書でさせていただきました。

　多少の手直し、改善で抜本的な働き方改革は実現しません。

　教職員の安全と健康、児童・生徒たちのよりよい教育の実現のために本書が少しでもお役に立てることを願っています。

　今、新型コロナウイルスによるパンデミックが起き、全世界的な感染の広がり、未知のウイルスとのたたかいが繰り広げられています。2021年1月28日時点で、世界の合計感染者数は約1億人、死者は約215万人、日本は感染者数は約37万人、死者は約5300人となり戦後最大の犠牲者が出ています。

　一日も早い終息を願ってやみません。

　学校は2020年2月末に休校の措置が取られ教育活動はほぼ停止状態となりました。

　6月頃より学校教育が再開されましたが、児童生徒たちのための感染防止対策や学習保障のために管理職、教職員のみなさんは日夜大変な御苦労をされています。

　このような時だからこそ、働く者の健康と安全を確保する学校の安全衛生活動が出番を迎えています。

2021年2月1日

労働安全衛生法で学校・教職員の働き方を変える

～教育委員会・学校管理職・教職員 必携の書～

＜目次＞

第1章

教職員の労働と 健康の現状と問題

1　教職員の労働の現状と問題

（1）世界（OECD）で一番の長時間労働

2018 年、OECD・TALIS（教員指導環境調査）報告(資料1)で日本の教員は参加国中で一番の長時間労働である実態が明らかになりました。週労働時間は 56：00 時間で 5 年前（2013 年）の調査を約 2 時間も上回っています。

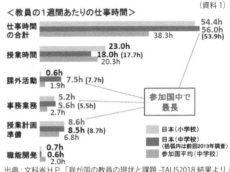

＜教員の1週間あたりの仕事時間＞　　　　　　　　　　（資料1）

仕事時間の合計	54.4h / 56.0h (53.9h) / 38.3h
授業時間	23.0h / 18.0h (17.7h) / 20.3h
課外活動	0.6h / 1.9h / 7.5h (7.7h)
事務業務	5.2h / 5.6h (5.5h) / 2.7h
授業計画準備	8.6h / 8.5h (8.7h) / 6.8h
職能開発	0.7h / 0.6h / 2.0h

参加国中で最長

日本（小学校）
日本（中学校）（括弧内は前回2013年調査）
参加国平均（中学校）

出典：文科省ＨＰ「我が国の教員の現状と課題 -TALIS2018 結果より」
OECD-TALIS2018

中学校の課外活動（部、クラブ等）の指導時間が特に長くなっています。

2013 年の調査結果を受けて、文科省は業務縮減の為の通知・通達等を出してきましたが、残念ながら改善が図られていません。

（2）　教員の長時間労働は過労死ライン

2016 年(平成 28 年)、文科省は 10 年毎の勤務実態調査を実施しました。調査の結果、小学校、中学校共に校長職から養護教論に至るまで 10 年前（2006 年）より全てで、勤務時間が増えていました。（資料2）

特に副校長・教頭職を見ると週労働時間が小学校の場合、63：38 時間、中学校の場合 63：40 時間で、月の超過勤務が約 93 時間となっています。

教諭の場合、月の超過勤務に換算すると小学校で約 75 時間、中学校で約 98 時間となります。

これらのデーターには、持ち帰り仕事時間は除外されていますので実際

（資料 2）

教員の 1 週間当たりの学内総勤務時間

時間：分

	小学校			中学校		
	28 年度	18 年度	増減	28 年度	18 年度	増減
校長	55:03	52:19	+2:44	56:00	53:23	+2:37
副校長・教頭	63:38	59:05	+4:33	63:40	61:09	+2:31
教諭	57:29	53:16	+4:13	63:20	58:06	+5:14
講師	55:21	52:59	+2:22	61:36	58:10	+3:26
養護教諭	51:07	48:24	+2:43	52:48	50:43	+2:05

＊平成 28 年度調査では、調査の平均回答時間（1 週間につき小学校 64 分、中学校 66 分）を一律に差し引いている。

出典：文科省 HP「教職員勤務実態調査（平成 28 年度）の分析結果及び確定値の公表について」

の労働時間はさらに増えています。

　ちなみに、文科省の勤務実態調査結果の推移を紹介します。

　・1966 年の一ヶ月の超過勤務時間は約 8 時間でした。

　・2006 年の時は一ヶ月の超過勤務は約 62 時間です。

　・2016 年の時は一ヶ月の超過勤務は約 80 時間です。

　なんと 50 年前に比べて超過勤務が約 10 倍に増えているのです。

2　教職員の健康の現状と問題

（1）　心の健康が脅かされている

　精神疾患による病気休職者数は年々増加しています（資料 3）。文科省の発表によると 1991 年の精神疾患休職は病気休職者の内 11％でした。2018 年（平成 30 年）には約 66％となり、約 6 倍という異常な高さとなっています。

条件付き採用期間における精神疾患を理由とする離職教員は約 9 割を超えていま

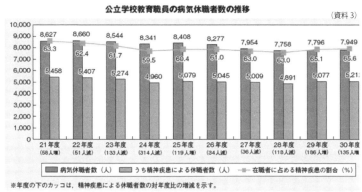

公立学校教育職員の病気休職者数の推移

（資料 3）

※年度の下のカッコは、精神疾患による休職者数の対年度比の増減を示す。

出典：文科省 HP「文部科学白書　2019 年」

す。この傾向も同じような推移をしています。精神疾患を再発する者は、回数を重ねるほど短期間に再発する可能性が高いことも明らかになっています。休職、職場復帰、再発、再度の休職をくりかえし、退職を余儀なくされる方も少なくありません。

①仕事へのストレスが高い

　心の健康を蝕む要因にストレスがあります。ある県教育委員会の調査ではストレスを感じている主な要因として「仕事の量が多い」が40％、「上司・同僚との人間関係」が21％「生徒への対応」が12％という結果が明らかになっています。

　資料4では、一般企業の労働者と教員のストレスを比べると「仕事や職業生活におけるストレス」は約6ポイント高くなっています。また、「仕事の質」「仕事の量」が一般企業の労働者より高くなっています。

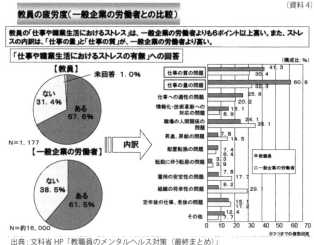

（資料4）

出典：文科省HP「教職員のメンタルヘルス対策（最終まとめ）」
「教員のメンタルヘルス対策および効果測定」（平成20年、東京都教職員互助会、ウェルリンク㈱）、「平成14年労働者健康状況調査」（厚生労働省）

　最近は、新たな教育課題が次々と求められており「専門性の高まり」「仕事の質」等の問題もストレスを高める要因となっています。

②保護者とのトラブルでメンタル不調に

　教員が「心の病」に追い込まれる要因に、保護者とのトラブルがあります。総務省の調査から朝日新聞（2018.10.26付）が集計したメンタルヘルス不調の要因として、「保護者や住民などとの公務上の関係が46％」と

報道しています。教員側が保護者の要望や意見を丁寧に受け止められずにこじれてしまう例や、保護者の要求の内容や方法に常識を逸脱した例などがあります。

　多くは教員の「指導」が理由になっていますが、両者がお互いの意見や要望を十分聞き合い、理解を深めることでトラブルに至らずにすむこともあります。

（2）過労死認定が年々増えている

　教職員の脳・心臓疾患公務災害認定件数を見ると、2013 年は 2 件、2014 年は 6 件、2015 年は 13 件と認定件数が年々増えています。

　授業名人と呼ばれた中堅教員の方が突然死されたとか、校内音楽会で指揮を終えて児童席に戻り、児童・保護者の前で倒れ病院に救急搬送された女性教員の例など、近年このような話が増えつつあります。

　過労死が疑われていても遺族の方が公務災害請求をしない例が少なからずあり、実際はさらに多いことが推測されます。

3　長時間労働が及ぼす影響・問題

　教員の異常な長時間労働が問題になっています。長時間労働はどんな問題をもたらすのか、4 つの観点から見たいと思います。

（1）過労死の危険がある

　2016 年の勤務実態調査（文科省）で小中学校教員の約 8 割が過労死ラインで働いていることが明らかになりました。

　「脳・心臓疾患の認定基準に関する専門検討会報告書」（2001 年）では過労死と長時間労働の関連が医学的に明らかにされています。脳・心臓の疾患を理由とした障害、死亡が後を絶たず、遺族から労災・公務災害の申請が続きました。脳・心臓疾患による障害、死亡例を検証する中で、異常な出来事や短期間の過重負荷以外に、長時間労働と脳・心臓疾患との関連を疑わせる症例が多くあることが明らかになりました。専門的検討・検証

の結果、脳・心臓疾患の要因に慢性的長時間労働があることを結論づけたのです。

　報告書は 132 ページに及ぶ内容ですが、まとめの 2 ページの主要な部分を紹介します。

まとめの概要

　脳・心臓疾患は、その発症の基礎となる血管病変等が、主に加齢、食生活、生活環境等の日常生活による諸要因や遺伝等の個人に内在する要因により長い年月の生活の営みの中で徐々に形成、進行及び増悪するといった経過をたどり発症するものであり、労働者に限らず、一般の人々の間にも普遍的に数多く発症する疾患である。

　しかしながら、業務による過重な負荷が加わることにより、血管病変等をその自然経過を超えて著しく増悪させ、脳・心臓疾患を発症させる場合があることは医学的に広く認知されているところである。

　当専門検討会では、このような見地から、現在までの業務による負荷要因と脳・心臓疾患の発症との関連を示す多くの医学的文献を整理、検討したところ、次のような結論に達した。

＊長期間にわたる疲労の蓄積が脳・心臓疾患の発症に影響を及ぼすことが考えられることから、業務による明らかな過重負荷として、脳・心臓疾患の発症に近接した時期における負荷のほか、長期間にわたる業務による疲労の蓄積を考慮すべきである。

＊業務の過重性の評価は、疲労の蓄積が発症時において血管病変等をその自然経過を超えて著しく増悪させ、脳・心臓疾患の発症に至らしめる程度であったかという観点から、発症前 6 ヶ月間における就労状態を具体的かつ客観的に考慮して行うことが妥当である。

＊その際、疲労の蓄積の最も重要な要因である労働時間に着目すると、①発症前 1 ヶ月間に特に著しいと認められる長時間労働（おおむね 100 時間を超える時間外労働）に継続して従事した場合、②発症前 2 ヶ月間ないし 6 ヶ月間にわたって、著しいと認められる長時間労働（1 ヶ月当たりおおむね 80 時間を超える時間外労働）

　に継続して従事した場合には、業務と発症との関連性が強いと判
　断される。

＊発症前1ヶ月間ないし6ヶ月間にわたって、1ヶ月当たりおおむ
　ね45時間を超える時間外労働が認められない場合には、業務と
　発症との関連性が弱く、1ヶ月当たりおおむね45時間を超えて
　時間外労働が長くなるほど、業務と発症との関連性が徐々に強ま
　ると判断される。

　報告のまとめは、月100時間、2ヶ月間ないし6ヶ月間に80時間を
超える時間外労働がある場合は脳・心臓疾患の危険があるとしています。
教職員はこの要件にぴったりあてはまります。2018年の『過労死白書』（厚
生労働省）でも、教職員は過労死事案が多く発生している職種の一つに数
えられています。

（2）長時間労働はメンタルヘルス不調の主要な発症要因
①長時間労働はうつ病発症リスクを高める

　過労死に認定されるような教職員の長時間労働は心の健康に影響を及ぼ
します。

　週労働時間と健康リスクとの関連を調査したデーターによると週労働時
間が66時間から70時間になるとうつ症状が約2倍になるという結果が

（資料5）

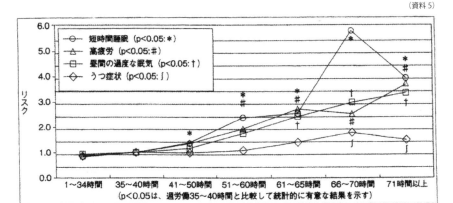

出典：厚生労働省「週労働時間と健康リスクとの関連」（2007年）

出ています。（資料5）

　また、長時間労働の結果、短時間睡眠・高疲労・昼間の過度な眠気などのリスクを高めることも明らかになっています。

　さらに、長時労働が要因となってうつ病を発症し、労働災害・公務災害を申請する事例が増えています。

　近年、労災の認定機関は判定にあたって労働時間をうつ病発症の判断基準に位置付けています。

　「超過勤務等の時間数の取り扱い」指針（2010年厚労省「精神障害の労災認定」）を紹介します。

3　業務負荷の分析を行う着眼点

（2）超過勤務等

ア）過重性検討の考え方

　　精神疾患の発症前6ヶ月間に、公務上の必要により期間の限られた業務を集中的に処理するなどのため、1ヶ月間におおむね80時間以上の超過勤務を行っていたことがある場合には、上記の諸事情に特に留意して検討すること。

　　この場合において、例えば、次のような超過勤務を行っていたときには、精神疾患の発症原因とするに足りる強い業務負荷を受けたものと見ることができること。

① 略

②精神疾患の発症直前の連続する2ヶ月間に1か月当たりおおむね120時間以上又は発症直前の連続する3ヶ月間に1ヶ月当たりおおむね100時間以上の超過勤務を行っていた場合であって、その期間の業務内容が通常その程度の勤務時間を要するものであったとき。

③精神疾患の発症直前の連続する2ヶ月間に各月おおむね100時間以上の超過勤務（その期間の業務内容が通常その程度の勤務時間を要するもの）を行うとともに、その間に一定の業務負荷の出来事が発生した場合。

今日、勤務時間の異常な長さは精神疾患発症の要因となると考えられています。

②長時間労働はうつ病リスクを高め精神的健康度の低下を招く

労働時間とうつ病の関連を調べた調査（資料6）によると、時間外労働が増えるにしたがってうつ病発症リスクが高まることが明らかになっています。うつ病に罹患すると精神的健康度が低くなっています。

精神的健康度の低下は自己肯定感を低くします。教育活動において自己肯定感が低いという状況は仕事に支障をきたし克服、改善が求められる課題です。

また、時間外労働の増加は健康に大切な睡眠時間の減少をもたらします。睡眠時間の減少が抑うつ度を高めることも明らかになっています。

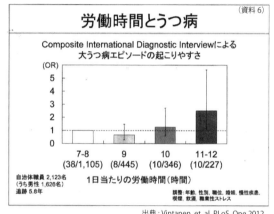

長時間労働の改善はうつ病予防、心の健康を保つ観点からもとても重要です。

③長時間労働（徹夜等）は作業能率を低下させる

資料7をご覧下さい。

これは覚醒時間と作業能力の関係、血中アルコール濃度と作業能力の関係、そして、両者の共通性を調査したものです。

月の超過勤務が80時間から100時間台の人

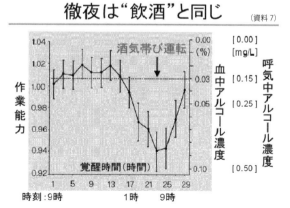

出典 : Dawson & Reid Nature 1997

は、1日の睡眠時間はおおよそ5時間から6時間程度と予想されます。起床から就寝まで18時間から19時間活動・覚醒している計算となります。連続覚醒時間と相対的な作業能率の関連を調査した結果によると、連続覚醒時間が長くなるほど、作業能率が著しく低下していることが分かります。作業能率、判断力、創造力等が低下し、仕事に支障をきたす結果となります。

　血中アルコール濃度が0.03以上になると酒気帯び運転レベルとなり、濃度がさらに高くなると泥酔状態に近づき、判断力、作業能力（運転技能）が低下します。徹夜などにより覚醒時間が長くなると、泥酔と同程度に作業能力が低下するのです。

④長時間労働は人間らしい生き方を喪失させる

　総務省が週労働時間と生活行動の関連を調査（「社会生活基本調査」）しています。週の労働時間が60時間以上の労働者の生活時間を調査したところ、仕事時間が1日当たり2時間30分増加し、代りに睡眠、休養・くつろぎ、テレビ・新聞、趣味・娯楽の時間が減少していることが明らかになりました。

　調査した生活行動の項目は、どれも人間らしく生き働くうえで不可欠なものばかりですが、長時間労働が人間らしい生き方、生活を奪っていることが理解できます。（資料8）

　教育活動は、豊かな創造性、文化性、アイデア、発想、知恵、経験などが求められる仕事ですが、長時間労働に

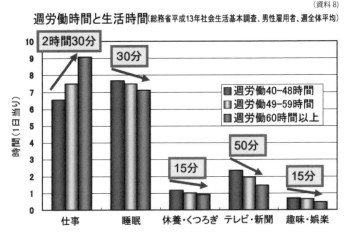

（資料8）

週労働時間と生活時間（総務省平成13年社会生活基本調査、男性雇用者、週全体平均）

出典：岩崎健二「長時間労働が健康におよぼす影響」（労働政策研究・研修機構『ビジネス・レーバー・トレンド』2007年7月号）

より生活行動が乏しくなると、教育活動への意欲の低下、創造性が乏しくなることが懸念されます。

　人間らしい生き方、満足のいく仕事を遂行する上で、長時間労働は障害となっています。

（3）教育活動への弊害

　長時間労働の結果「教員の自己効力感」が低下します。OECD・TALIS報告（2018年）の調査の中に「教員の自己効力感」という項目があります。参加48ヶ国平均と比べて日本の教員（小学校・中学校）は教育活動への「自己効力感」が、顕著に低くなっています。

　2018年の調査結果を幾つか紹介します。

項目	OECD 平均	日本　小学校	中学校
多様な評価方法を活用する	８２.０％	３３.３％	３２.４％
勉強にあまり関心を示さない児童生徒に動機付けをする	７２.０％	４１.２％	３０.６％
児童生徒の批判的思考を促す	８２.２％	２２.８％	２４.５％
児童生徒に勉強ができると自信を持たせる	８６.３％	３４.７％	２４.１％

（数字は調査対象〜％）

　日本の教員は、教育実践力を磨くために、他学級・他学年の授業参観研修を数多くやっています。子ども研究、授業研究、教科研究も怠らずに熱心に行っています。諸外国にひけをとらない高い教育力、実践力を持っています。

　しかし、上の表が示すようになぜ「自己効力感」が低いのか。幾つかその理由が考えられます。一つは、長時間労働の結果、精神的健康度が低下することが明らかになっていますが、このことが関連していると考えられます。

　また、長時間労働は睡眠時間を短くします。慢性的な短時間睡眠は抑うつ度を高めることも判明しています。

精神的健康度の低下、抑うつ度の高まりが「自己効力感」の低下に結びついているのではないかと考えます。

抑うつの症状として意欲の低下、自分を責めるなどがあります。

今回の結果について OECD・TALIS 調査総括責任者のシュライヒャー氏（教育・スキル局長）は次のようなコメントを出しています。

> 「相関関係があるとは言い切れないが、あれもこれもと期待が大きい分、先生たちが『すべてのことについて達成できていない』と思うのかもしれない。」
>
> 授業以外でも子どもと深く交流するのは日本の教育の強みとしながら、不必要な業務を見直し働き方改革を進めることを提言した。

シュライヒャー氏も業務量の多さ（長時間労働の要因）が「自己効力感」が低い原因ではないかと指摘しています。

（4）長時間労働は、短時間睡眠を招き多くのストレス要因に

2020 年 3 月 26 日に中央労働災害防止協会が「労働者のストレス反応低減のための生活習慣等に関する検討委員会」報告のまとめを公表しました。

この報告は、労働時間の長さ、睡眠時間、ストレスとの関連について調査しまとめたものです。大変参考になりますので概要を紹介します。

調査　90 項目の調査（ストレスチェックに生活習慣関連項目を加えた）
対象　27 業種　41 事業場　7832 人

①1 週間の労働時間	40 時間未満	50 H 以上 60 H 未満	60 H 以上
多変量調整オッズ比	1.00（基準）	1.54	2.29
②睡眠時間	6 時間以上	6 時間未満	
多変量調整オッズ比	1.00（基準）	2.35	
③毎日きまった時間に食事	はい	いいえ	
多変量調整オッズ比	1.00（基準）	0.66	
④1 日 2 回以上の歯磨き	はい	いいえ	
多変量調整オッズ比	1.00（基準）	0.80	

オッズ比（値が大きいほど回答者が高ストレスを保有している傾向にあり、小さいと高ストレスを保有していない）

生活習慣とストレス保有についての調査結果　　　　●（ストレスが高い）

生活習慣項目	高ストレス	活気なし	イライラ	疲労感	不安感	抑うつ感	身体愁訴	よく眠れない	周囲のサポートなし	心理的な仕事の負担	仕事の低コントロール度
週労働時間 40 H 未満	基準	基準	基準	基準	基準	基準	基準	基準	基準	基準	基準
40 ～ 60 未満			●	●							●
50 ～ 60 未満	●		●	●	●	●	●			●	
60 H以上	●		●	●	●	●	●			●	
睡眠時間 6 H以上	基準	基準	基準	基準	基準	基準	基準	基準	基準	基準	基準
6 H未満	●	●	●	●	●	●	●	●	●	●	●

出典　中央労働災害防止協会「労働者のストレス反応低減のための生活習慣等に関する検討委員会」報告をもとに筆者が作成

　この調査で明らかになったことがいくつかあります。

＊時間外労働が多くなるにつれてストレスが高くなる。

　　週労働時間が 40 時間〜 60 時間未満では●（ストレスが高い）が 3
　つだが、60 時間以上になると●が 7 つになる。

＊睡眠時間が短くなるにつれてストレスが高くなる

　　睡眠時間が 6 時間未満になると 11 の項目（上記の資料）すべてが●
　となる。

　高ストレス状態が続くと、身体面、精神面、行動面等に影響が出て心身
の健康が壊れていきます。

　過労死や精神疾患の要因にもなるのです。

　適正な労働時間の確保、適正な睡眠時間の確保がストレスの軽減にとっ
て重要だということがこの調査報告でよく理解できます。

第2章

教職員の労働・健康の 危機的状況の要因をさぐる

　教職員の労働と健康が危機的状況にあることを様々な調査をもとに見てきました。

　なぜ、このような危機的状況が生じているのか、公表されているデーターをもとに3つの視点から考えます。

　考え方の基本は、法定労働時間である8時間労働に必要な人の確保はどうなのか、仕事の量はどうなのか、予算の確保（公財政教育支出）はどうなのかについて考えます。

　文科省の調査（2016年）によると、小中学校教員の一日の時間外労働は平均約12時間であることが判明しています。なぜ約4時間の時間外労働を余儀なくされているのか。

　理由は三つのことが考えられます。

1　仕事の量の問題

　第一に、8時間の労働で業務が終えられる仕事量となっているかという問題です。

　教職員の分業体制の国際比較（資料9）をご覧ください。

　教職員に求められる業務が33項目ありますが、日本の教職員は一人で30の業務を担っています。それに比べてイギリスは7つ、フランスは9つ、アメリカは14です。

　日本の教職員がいかに多くの業務を担っているかが、分業体制の国際比較表で理解できます。一人の教職員が担う仕事の量が多すぎるということです。

　2016年（平成18年）の実態調査では月の時間外労働が約34時間となっています。1966年（昭和41年）と比較すると時間外労働が約4倍強に増えています。（資料10）

（資料9）

教職員の分業体制の見直し

業務 ＼ 国名		アメリカ	イギリス	中国	シンガポール	フランス	ドイツ	日本	韓国
児童生徒の指導に関わる業務	登下校の時間の指導・見守り	×	×	×	×	×	×	△	×
	欠席児童への連絡	×	×	○	○	×	○	○	×
	朝のホームルーム	×	○	○	○	×	○	○	○
	教材購入の発注・事務処理	×	×	△	△	×	○	○	×
	成績情報管理	○	×	○	○	○	○	○	○
	教材準備（印刷や物品の準備）	○	×	○	○	○	○	○	○
	課題のある児童生徒への個別指導、補習指導	○	×	○	○	○	○	○	○
	体験活動の運営・準備	○	×	○	○	○	○	○	○
	給食・昼食時間の食育	×	×	○	×	×	×	○	×
	休み時間の指導	○	×	○	△	×	×	○	○
	校内清掃指導	×	×	○	×	×	×	○	×
	運動会、文化祭など	○	○	○	○	×	○	○	○
	運動会、文化祭などの運営・準備	○	○	○	○	×	○	○	○
	進路指導・相談	△	○	○	○	×	○	○	○
	健康・保健指導	×	×	○	○	×	○	△	△
	問題行動を起こした児童生徒への指導	△	○	○	○	×	×	○	○
	カウンセリング、心理的なケア	×	×	×	○	×	△	○	×
	授業に含まれないクラブ活動・部活動の指導	△	△	○	△	△	△	○	△
	児童会・生徒会指導	×	△	○	○	×	△	○	○
	教室環境の整理、備品管理	○	×	○	○	○	○	○	△
学校の運営に関わる業務	校内巡視、安全点検	×	×	○	△	×	○	△	△
	国や地方自治体の調査・統計への回答	×	×	○	×	×	×	○	○
	文書の受付・保管	×	×	○	×	×	×	○	△
	予算案の作成・執行	×	×	○	×	×	○	×	×
	施設設備・点検・修繕	×	×	○	×	×	○	×	×
	学納金の徴収	×	×	○	×	×	○	×	×
	教師の出張に関する書類の作成	×	×	○	×	×	○	×	△
	学校広報（ウェブサイト等）	×	×	△	×	×	○	○	△
	児童生徒の転入・転出関係事務	×	×	○	×	×	×	○	×
外部対応に関わる業務	家庭訪問	×	×	○	×	×	×	○	△
	地域行事への協力	○	○	○	△	○	○	○	△
	地域のボランティアとの連絡調整	○	○	○	×	○	○	○	×
	地域住民が参加した運営組織の運営	×	△	○	×	○	△	△	△

※教員の「担当とされているもの」に○を、「部分的にあるいは一部の教員が担当する場合があるもの」に△を、「担当ではないもの」に×を付けている。三か国以上の国で○又は×が選択されている業務をグレー表示している。全部で40業務設けたが、「出欠確認」、「授業」、「教材研究」、「体験活動」、「試験問題の作成、採点、評価」、「試験監督」、「避難訓練、学校安全指導」、「出欠確認」、「授業」等全ての国で「担当とされているもの」7項目は掲載していない。

出典：国立教育政策研究所「学校組織全体の総合力を高める教職員配置とマネジメントに関する調査研究報告書」（2017年）
　　　文科省ＨＰ「学校及び教師が担う業務の明確化・適正化」関連

文部科学省教員勤務実態調査－昭和41年度調査との比較

（資料10）

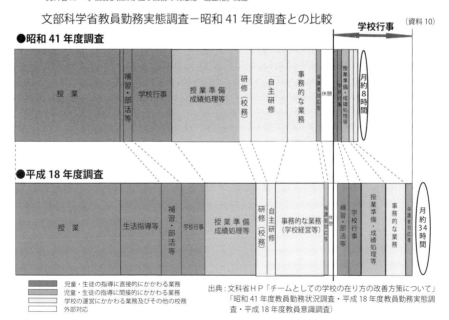

凡例
■ 児童・生徒の指導に直接的にかかわる業務
■ 児童・生徒の指導に間接的にかかわる業務
□ 学校の運営にかかわる業務及びその他の校務
□ 外部対応

出典：文科省ＨＰ「チームとしての学校の在り方の改善方策について」
「昭和41年度教員勤務状況調査・平成18年度教員勤務実態調査・平成18年度教員意識調査）

両者を比較すると、生徒指導に費やす時間は約 10 倍に増えています。補習・部活は約 3 倍、事務的業務は約 1.8 倍となっています。時間外労働 34 時間の内容は補習・部活、学校行事、授業準備、事務的業務、保護者対応等となっています。

　教職員の業務が精選されることなく、ビルド＆ビルドで大幅に増えてきたことが 8 時間労働を大幅に超過する原因となっていることがわかります。

2　教職員数の問題

　第二は、8 時間の労働で仕事が終えられる人手は確保されているのかという問題です。

　分業体制の国際比較でイギリス、フランス、アメリカは教職員の担う業務が少ないことがわかりました。

　では、イギリスなどでは必要な学校の業務をだれが担っているのでしょうか。専門スタッフの割合の国際比較（資料 11）をご覧ください。

　イギリスは教員以外の専門スタッフの割合が 49％です。約 2 人に一人が専門スタッフです。アメリカは専門スタッフが 44％です。半数近く教職員以外の専門スタッフが学校にいます。

　日本は専門スタッフが 18％で少ないのです。日本も専門スタッフがイギリスやアメリカ並みに配置されていれば教職員の業務量を大幅に減らすことが可能となります。

（資料 11）

〇初等中等教育学校の教職員総数に占める教員以外の専門スタッフの割合

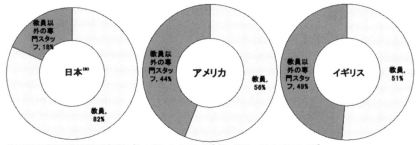

出典：文部科学省「学校基本調査報告書」（平成25年度）、"Digest of Education Statistics 2012"、"School Workforce in England November 2013"
※1　日本は小・中学校に関するデータ
※2　日本における専門スタッフとは、養護教諭、養護助教諭、栄養教諭、事務職員、学校栄養職員、学校図書館事務員、養護職員、学校給食調理環境員、用務員、警備員等を指す
※3　アメリカにおける専門スタッフとは、ソーシャルワーカー、医療言語聴覚士、就職支援員等を指す
出典：文部科学省 HP「専門スタッフの割合の国際比較」

教職員を増やす、専門スタッフを増やすことで時間外労働の是正につながるのです。

OECD の TALIS 調査（2018 年）には教育資源の国際比較があります。

この調査には学校の人事をあずかる学校長が回答しています。

| 資格を持つ有能な教職員の不足 | 日本 79.7％ | OECD 平均 38.4％ |
| 特別な支援を要する生徒への指導教員の不足 | 日本 72.4％ | OECD 平均 46.9％ |

教職員が諸外国に比べて不足していることが学校長の回答から明らかになっています。

さらに、児童・生徒 1000 人当たりの教職員の学校配置数を見ると、OECD 平均は約 110 人ですが日本は約 80 人です。約 30 人の不足があることがわかっています。

8時間労働に必要な教職員数が不足していることが、これらの調査からも明らかにされています。

3　教育予算（公財政教育支出）の問題

第三に、8時間労働を維持するための教育施策に必要なお金（公財政教育支出）が国の政策として確保されているかという問題です。

政治の課題として、何を国の重点政策とするかで予算の配分が行われます。重点政策を具体化するうえで予算措置の裏付けがなければ、その施策は絵に描いた餅にすぎなくなります。

OECD 諸国の中で公財政教育支出の対 GDP 比の平均は 4.4％ですが日本は 3.1％（2016 年）で下から 2 番目となっています。（資料 12）対 GDP 比

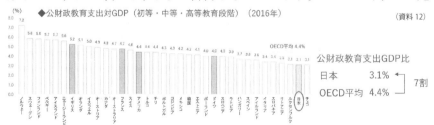

◆公財政教育支出対GDP（初等・中等・高等教育段階）（2016年）　（資料 12）

公財政教育支出GDP比
日本　3.1％
OECD平均　4.4％　7割

注：OECD 平均の値は、係数が取れず算出不能である国を除いた加盟国の平均値。
出典：財務省 HP「文教・科学技術（参考資料）2019 年」
　　　OECD「Education at a Glance 2016」、「Education at a Glance 2019」

平均に追いつくためには公的支出を 6 兆円増やすことが必要です。

公財政教育支出の伸び率を見てみます。（資料 13）我が国もそうですが、先進諸国では少子化が進んでいます。しかし、教育費の状況をみると世界各国では公財政教育支出が伸びています。

1999 年から 2006 年の公財政教育支出の伸び率は、韓国は約 1.6 倍、イギリスは約 1.5 倍になっていますが日本は 7 年間横ばい状態が続いています。

伸び率が顕著な韓国の事情を調べた結果、次のことがわかりました。

国の税収のうち教育に充当された比率をみると、1998 年に 12％であったものが、2008 年には倍近くの 20％にまで拡大されました。初等中等教育段階の教員数も、少子化傾向にもかかわらず 36.8 万人（1995 年）から 42.7 万人（2006 年）と約 6 万人増やしています。

韓国では、大統領選挙のたびに候補者が教育財政規模の拡大を公約として打ち出し、人材を育てる教育への社会的・政治的関心が高いという事情があるとのことです。「人を育てる、そのために必要な教育予算を配分する」ことが国策として位置づいているのです。

「ゆとりある教育を求め全国の教育条件を調べる会」の山﨑洋介氏の調査によると、公立小中学校の 35 人学級に必要な経費は、国・地方合わせて約 1200 億円、30 人学級は約 4900 億円、25 人学級は約 8300 億円、20 人学級は約 1 兆円追加すれば可能だと試算しています。

教職員一人当たりの仕事量が多すぎること、教育活動を遂行するのに必要な教員、教員以外の専門スタッフが少ないこと、諸外国と比べて公財政教育支出予算が少ないこと、これら三つの問題が教職員の苛酷な労働と心身の健康を脅かしている背

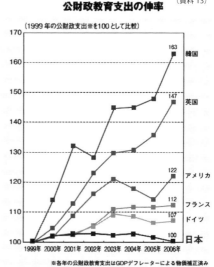

（資料 13）

公財政教育支出の伸び率

（1999 年の公財政支出※を 100 として比較）

韓国 163
英国 147
アメリカ 122
フランス 112
ドイツ 107
日本 100

1999年 2000年 2001年 2002年 2003年 2004年 2005年 2006年

※各年の公財政教育支出はGDPデフレーターによる物価補正済み

出典　ＯＥＣＤ［Education at a Glance］（2009 年）

景・要因であることが、ご理解いただけるのではないかと思います。

　日本は世界第 3 位の経済力（GDP）を持つ先進国です。国の重点政策に教育の充実を掲げ、教育予算を大幅に拡大することで、教職員を増やす、諸業務の分業を行う等、労働環境や教育環境を抜本的に改善することができるのではないかと思います。

　コロナ禍による学校休校（2020 年 2 月末）後、6 月頃より学校が再開されました。感染予防（三密を避けるため）措置としてしばらくの間、学級の分散登校（午前・午後）が行われ、一クラスが 20 人程度で運営されました。分散登校による少人数学級で教育効果が高まったという現職教員の方々の声が多く寄せられていました。

　一クラス 40 人学級ではソーシャルディスタンスは 60 センチ程度ですが、一クラス 20 人程度の場合 2 メートル程度の間隔を確保できます。

　コロナ禍のもと、少人数学級の有効性が明らかになり、日本教育学会、全国知事会、全国市長会、全国町村会が少人数学級の実現を求める提言、要望書を 2020 年 7 月に政府に提出しました。

　2020 年 7 月の衆院文部科学委員会で文科相は「40 人学級の見直しを検討する」と答弁しました。

　7 月 30 日、文科省と小・中・高・特別支援学校の校長会会長らによる学校の状況に関する意見交換会で参加者から少人数学級の検討を求める声があがったとのことです。

　文科相からは「現状の 40 人学級の編成を変えないなら教室が狭すぎ、教室の広さを変えないのであれば児童・生徒数を減らさなければいけない」との認識が示されたと報じられています。

　2021 年度から小学校全学年を段階的に 35 人に引き下げる計画が決まりました。積年の願いがようやく実現することになりました。

　公財政教育支出を OECD 平均並みにすることに、既存の政党全てが賛成の立場にあるとのことです。

　OECD 平均並みに公財政教育支出を増やすことで、教育環境を大幅に改善することが可能となります。あとは政治の決断次第です。

第3章	教職員の安全・健康を守る 労安法、労働契約法

　教職員の労働と健康の現状と問題について見てきました。心身の健康が危機的状況にあることが明らかになっています。その背景・要因について公表されている資料をもとに考えました。

　教育に対する国民的な期待と願いは年々高まってきています。

　児童・生徒たちへの教育の充実、健やかな成長と発達を保障するうえで、教職員の心身の健康の確保は喫緊の課題となっています。

　働く者の安全と健康の確保、働きやすい労働環境の実現を保障するための法律が労働基準法、労安法、労働契約法です。

　ここでは、労安法と労働契約法の基本、大切なポイントについて触れます。

1　労安法について

（1）労安法の基礎・基本

　労安法は 1972 年に労働基準法から独立して制定された法律です。制定当初から学校・教職員はこの法律の対象でしたが、学校保健法（現：学校保健安全法）があるので、労安法は適用除外とされ、学校における施策が行われずにきました。文科省がこの法律の適用を認めたのは約 20 年後の 1995 年でした。20 年近く教育委員会、学校での取り組みがありませんでした。こうした経過が、今日、学校における労安法の施策が遅れた大きな要因です。

　学校で働く教職員の安全と健康を確保するために理解しておくべき労安法の概要、基本的なことがらについて説明します。

①労安法の目的　（労安法第1条）

　事業者である教育委員会と学校長（所属長）は教職員の安全・健康を確保すること、快適な職場環境を形成すること、公務災害防止の義務を負っています。教職員は取り組みに協力することになります。

②安全衛生管理体制の確立

あ）組織づくり

＜都道府県・区市町村段階では＞

　＊「○○県・○○市教職員安全衛生委員会」を設置します。

　＊総括安全衛生管理者は教育長または教育次長等（人事権、予算を作る
　　権限を持つ者）がなります。

　＊メンバーは上記の総括管理者、産業医、労使同数（管理職、労働者代表）
　　の委員で構成されます。

＜学校段階では＞

　＊「○○学校衛生委員会」を設置します。50人以上の学校に設置義務
　　があります。50人未満職場では「安全衛生懇話会」等の設置を定め
　　ています。（労働安全規則（以下「労安規則」）23条の2）ここで「50人」
　　とは、「日雇い労働者、パートタイム等の臨時労働者の数を含めて常
　　態として雇用する労働者の数」です（厚労省1972年基発602通達）。

　＊メンバーは学校長、衛生管理者または衛生推進者、各学年から1名
　　等で構成します。

い）担当者の選任

＜産業医＞

　・産業医は、医師資格を持つ者で産業医研修を受け産業医として認定さ
　　れた者です。

　・産業医資格は更新制となっており、定期的・継続的な研修（ポイント
　　制）が求められています。

＜衛生管理者＞

　・教職員が50人以上の職場では国の認定資格である衛生管理者を配置
　　する義務（事由発生14日以内）があります。

　・養護教諭、保健体育の免許を保持している教諭は衛生管理者になれま
　　す。この場合、衛生管理者研修が必要です。労安法59条で安全衛生
　　担当者への計画的・継続的教育が求められています。

＜衛生推進者＞

・10人以上49人以下職場に配置する義務があります。
・職務内容は衛生管理者とほぼ同じで、責任ある職務を果たすうえで都道府県労働局長の認定機関が行う「衛生推進者資格取得講習会」等での受講・研修が必要です。

③衛生委員会の開催について

あ）委員会の開催：委員会は毎月1回以上開催しなければなりません。

い）議事概要の周知：委員会議事概要の作業場への掲示、書面の交付の方法で労働者に周知します。

う）議事録の作成と保存：委員会の議事録を作成し、3年間保存する必要があります。

④衛生委員会の調査・審議事項

衛生委員会の議事として次の内容が定められています。
・労働者の健康障害防止のための対策
・労働者の健康保持増進のための対策
・安全に関する計画、実施、評価、改善に関すること
・健康診断結果に対する対策の樹立
・労働者の健康の保持増進を図るための実施計画の作成
・長時間労働者の健康障害を防止するための対策
・労働者の精神的健康の保持増進を図るための対策
・ストレスチェックの実施に関すること　など

⑤安全衛生活動6つの取り組み

あ）作業管理（労安法63条）勤務労働条件の改善の取り組み
　　勤務時間把握、負担軽減の対策、休憩の確保、年休の取得促進　等

い）作業環境管理（同71条）　快適な職場環境形成の取り組み（ハード面とソフト面の取り組み）
　　ハード面：休憩室の設置　エアコンの設置　トイレの洋式化　シャワー室設置　等
　　ソフト面：茶話コーナー設置　コミュニケーション形成　等

う）健康管理（同66条）　心身の健康確保

健診結果の活用　長時間勤務者の面接指導　ストレスチェックの活用

え）安全衛生教育（労安法 59 条）

　　計画的・継続的な安全衛生教育が担当者に対して義務づけられています。

　　　・新任者教育、衛生管理者・衛生推進者教育、管理職教育、教職員教育　等

お）モラルハラスメント対策　パワハラ防止対策　セクハラ防止対策

か）公務災害防止活動　　教職員の過労死防止、事故防止の取組　ヒヤリ

　　　　　　　　　　　ハット　リスクアセスメント　職場巡視　等

⑥その他の重要法令

あ）労働者の申告（同 97 条）

　　教職員はこの法律に違反することがあるときは申告することができます。

　　申告先は、首長や公平委員会等

い）法令の周知（同 101 条）

　　・教育委員会、学校長は労安法に基づく通知・通達を教職員に周知せね

　　　ばなりません。

　　・周知の方法は、職場の見えやすい場所に掲示する、教職員に配布する等です。

⑦労安法の改正　2019 年４月施行

あ）産業医、産業保健機能の強化

　　産業医の活動環境の整備

　　・事業者（教育委員会）は産業医に対して、教職員の健康に関する

　　　必要な情報を提供することになりました。

　　・産業医を選任した教育委員会は、職務内容を常時掲示するなどして

　　　教職員に周知することになりました。

　　・産業医が教職員からの健康相談に応じ、対応するために必要な体制

　　　の整備に努めることになりました。

い）労働者の心身の状態に関する情報の取り扱い

　　・教育委員会が教職員の心身の健康情報を収集、保管、使用する時は、

　　　健康確保に必要な範囲で行うことになります。

う）面接指導　　１，２，３，４　　（１，３，４は省略）

　　２の内容　労働時間の状況の把握

・面接指導を実施するためタイムカード等により、労働者(教職員)の労働時間の状況を把握しなければならなくなりました。

2 労働契約法について

　教職員が安全で健康に働くために安全配慮義務が大切です。教育委員会と学校長は教職員への安全配慮義務を負っています。
　労働契約法の安全配慮義務の概要について触れます。

(1) 労働契約法の内容

　第5条に次のような定めがあります。
　第5条(労働者への安全への配慮)「使用者は、労働契約に伴い、労働者がその生命、身体等の安全を確保しつつ労働することができるよう必要な配慮をするものとする。」「生命、身体等の安全」には心身の健康も含まれます。パワーハラスメントはこの条文に違反する行為となります。

(2) 安全衛生配慮義務の具体的な内容

　安全配慮義務には二つの義務があります。教育委員会と学校長は学校の施設設備に瑕疵が無いように努めねばなりません。

①施設・設備措置の義務

　＊職場の環境改善の措置(休憩室設置、更衣室設置、空調設備、照明設備等)
　＊機械等の安全装置を整備する義務(裁断機や工作機器等の安全装置等)
　＊保護具を使用させる義務(薬品曝露から目を守るためのゴーグル等)
　　事業者が安全配慮義務を怠り、施設・設備の不備から膀胱がん、胆管がんが発症し、労働者が複数死亡する事例が企業でありました。当該事業者は労安法違反、安全配慮義務違反で責任が問われました。

②人的措置の義務

あ)産業医の配置

　労安法では50人以上の職場では産業医の配置が義務づけられています。産業医は長時間勤務者への面接指導を行いますので、面接指導で過労死を

予防する効果が期待できます。

い）産業医の仕事

　＊長時間労働をする者に対する医師の面接指導

　＊学校訪問時の職場巡視

　＊ストレスチェック後の医師面接　等

（3）安全配慮義務、司法の判断

　安全配慮義務をめぐる二つの判決について紹介します。管理監督の立場にある者に求められる安全配慮義務とは何かについて理解することができます。

①東芝、プロジェクトリーダー、長時間労働、業務負荷でうつ病発症

　「使用者は必ずしも労働者からの申告がなくても、その健康に係わる労働環境に十分な注意を払うべき安全配慮義務を負っている」（最高裁判決平成 26 年 3 月 24 日）

②新任教員（4 年担任）うつ病を発症、自死をした事案

　「新規採用教員に対して組織的な支援体制を築き、他の教員とも情報を共有した上、継続的な指導、支援が必要である」「少なくとも管理職や指導を行う立場の教員をはじめとして花子（仮名）の周囲の教員全体において 4 年 2 組の学級運営の状況を正確に把握し、逐次情報を共有する機会を設けることが最低必要であり、問題の深刻度合いに応じてその原因を根本的に解決するための適切な支援が行われるべきであった…」（東京高裁判決平成 24 年 7 月 19 日）

　東芝の事例では、「健康に係わる労働環境に十分な注意を払うべき安全配慮義務を負っている」としています。

　新任教員の事例では「組織的な支援体制を築き」「継続的な指導、支援が必要」「学級運営の状況を正確に把握し、逐次情報を共有する機会を設ける」「その原因を根本的に解決するための適切な支援が行われるべき」としています。

　管理監督の立場にある者が、労働者が心身健康で職務に励めるために、日常払うべき注意義務・安全配慮義務とはどういうものであるかについて明快に判示しています。

第4章

学校の労働安全衛生活動 6つの柱

前章で、労安法と労働契約法の基本的なことについて触れました。

この章では、労安法に基づく学校での安全衛生活動について、具体例を挙げながら説明していきます。

労安法では「事業者は、労働者の健康に配慮して、作業を適切に管理すること」（第65条の3）と定められています。

労働者の健康の保持増進を図るためには、6つの取り組みが総合的に機能することが求められます。

その一つ「作業管理」について説明します。

1　作業管理の取り組み

作業管理とは、勤務労働条件の適正化、改善等の取り組みです。

教職員の労働は過酷な労働実態にあり、勤務時間の適正化は重要な取り組み課題となっています。

作業管理として以下のことに取り組むことになります。

（1）勤務時間の把握、長時間労働の是正対策
①勤務時間把握は長時間労働対策の第一歩

教職員の勤務実態調査で、小中学校教員の労働時間が過労死ラインにあることがわかっています。勤務時間把握が行われてこなかったことが要因です。労安法の改正（2019年4月）で、労働時間把握が事業者である教育委員会と学校長の義務となりました。

勤務時間記録簿の保管義務（3年）もあり、ない場合は労働基準法（以下「労基法」）違反に問われます。勤務時間把握の方法は、タイムカード

やICカード等を活用して客観的方法によることとしています。

> 超過勤務の上限　月45時間　年360時間（「公立学校の教師の勤務
> 時間の上限に関するガイドライン」2019年1月25日文科省通知）

（2）仕事量・仕事の質の適正化、過重労働対策

　超過勤務是正のために超勤の要因を分析し超勤縮減対策を立てます。勤務時間把握をするだけでは、超過勤務の是正は進みません。新たな仕事が増えるだけだとして、記録そのものがあいまいになる恐れがあります。超過勤務の内容を調査・分析し超過勤務是正のための方針・対策を立て、取り組む必要があります。

　超過勤務是正の対策で勤務実態調査や勤務実態アンケートを実施することが有効です。この調査で超過勤務の内容、原因が明らかになります。

　業務内容ごとに学校運営や教育活動に不可欠な仕事なのかを十分吟味し、廃止・簡略化・見直し等の検討を行い諸業務の厳選・精選を進めていきます。

＜諸業務の厳選等の検討の視点＞

取り組み	検討の視点	対象とする業務	会議
廃止	学校運営上・教育活動上、止めても支障がない		
簡略化	簡略化できる		
見直し検討	廃止か簡略化で検討		

（3）休憩時間の確保

　休憩時間は労働時間が6時間を超える場合は少なくとも45分、8時間を超える場合は少なくとも1時間付与されます。休憩三原則は①一斉付与②勤務途中の付与③自由利用です。労基法の休憩時間三原則は、勤務の途中に休憩を確保することで、働く者の安全と健康を確保するためのものです。

　休憩のメリットは作業能率の向上です。一定時間休憩をとることで、気分転換がはかられ、疲労の回復、仕事への意欲の向上につながります。

学校運営上の事情から休憩時間の分割が行われ、形式的に配分されていることがあります。休憩時間の分割は休憩時間を実質的に取得することができなくなることにつながります。出勤から退勤まで休憩なしの9時間以上の連続長時間労働となり、心身の健康が損なわれる恐れがあります。教育の質の維持、向上の観点からも問題です。

（4）年次有給休暇の適正化、取得の促進

　教職員の年次有給休暇の取得率は低いという実態があります。年休を取得した後の補充がない（学級が担任不在となる）ことへの抵抗感が主な要因です。補充できる教職員数が配置されていれば、休暇取得への抵抗感はなくなります。

　計画休暇取得の取り組みを学校の方針として掲げ、学年あるいは他学年の協力のもと補充態勢をとって年休の取得率を向上させる取り組みが始まっています。

　労働基準法が改正され（2019年4月）使用者は法定の年次有給休暇が10日以上の全ての労働者に対して、毎年5日間、年次有給休暇を確実に取得させることになりました。

　作業管理は勤務労働条件の改善に取り組むことです。

　今、求められている働き方改革では、作業管理（超過勤務対策、仕事量・質の適正化など）を実行することで勤務労働条件の是正・改善を図ることができます。

2　作業環境管理の取り組み

　作業環境管理とは、働きやすい職場環境づくりの取り組みです。ハード面とソフト面の二つの取り組みがありますが、初めにハード面の職場環境づくりについて触れます。

（1）ハード面の取り組み
①快適な職場環境形成とは何か

労安法の第 1 条には「快適な職場環境の形成を促進することを目的とする」とあります。

1992 年の労安法改正で労働者（教職員）が働く職場（学校）について疲労やストレスを感じることがないよう快適な職場環境の形成を促進することが重要であるとして、新たに 71 条の 2「快適な職場環境の形成のための措置」の条文が新設されました。

事業者の講ずる措置では「次の措置を継続的かつ計画的に講ずること」として 4 つの措置を講ずることを事業者（教育員会）所属長（学校長）に求めています。

一　作業環境を快適に維持管理するための措置
二　労働者の従事する作業について、その方法を改善するための措置
三　作業に従事することによる労働者の疲労を回復するための施設または設備の設置または整備
四　前三号に掲げるものほか、快適な職場環境を形成するための必要な措置

4 つの措置を具体化するために厚生労働大臣告示「快適環境形成指針」（1992 年）が出されています。

②「快適環境形成指針」とは何か

この指針の目的について、大臣告示では「労働者がその生活時間の多くを過ごす職場について疲労やストレスを感じることが少ない快適な職場環境を形成していくことがきわめて重要になっている」と述べています。

「快適環境形成指針」の体系と概要について以下紹介します。

1　作業環境を快適な状態に維持管理するための措置
　①空気環境　②温熱条件　③視環境　④音環境　⑤作業空間
2　労働者の従事する作業について、その方法を改善するための措置
　①不自然な作業姿勢での作業の改善
　②相当の筋力を要する作業の改善　（以下略）
3　作業に従事することによる労働者の疲労の回復を図るための施設・設備の設置、整備

①臥床できる休憩室　②シャワー室の整備　③相談室の確保

④運動施設、緑地

4　その他の快適な職場環境を形成するための必要な措置

①洗面所、更衣室　②食堂　③給湯設備、談話室

「快適環境形成」に当たって、「快適環境形成指針」では次のことを考慮すべきとしています。

①連続的かつ計画的な取り組みが不可欠

②安全衛生委員会を活用する等労働者の意見を反映させる

③個人差を考慮して、心身の負担を軽減

④生活の場として潤いを持たせ、緊張をほぐす措置

「快適環境形成指針」をもとに「事務所衛生基準」が示されています。

③「事務所衛生基準規則」の活用で職場環境改善を

事務所衛生基準には、快適職場環境を形成するための最低基準が示されています。一部ですが紹介します。

「事務所衛生基準」

○気積：10㎥／人 以上とすること

○温度：冷房実施の時、外気温との差は7℃以下とすること

○室温：17℃以上28℃以下になるように努めること

○相対湿度：40％以上70％以下になるように努めること

○照度：精密な作業　「300ルクス以上」

　　　　普通の作業　「150ルクス以上」

＊照明学会の「指針」では照度は750ルクスが推奨されています。

○休憩：休憩の設備を設けるよう努めること

○救急用具：必要な用具、材料を備えること

など

健康な状態で教育の仕事を行う上で、学校の空調整備、休憩時間の確保と休憩室の設置は最低必要な労働環境です。

④職場環境改善の具体例

事務所衛生基準を参考に環境改善に取り組み、職場の環境改善が実現し

ている事例が各地から報告されています。

　改善事例をいくつか紹介します、

　☆佐賀県の中学校：50人未満職場でしたが要望の結果、男女別休養室
　　が設置されました。

　☆埼玉県の小学校：要望の結果、男女別シャワー室が設置されました。

　☆茨城県の高校：狭くなった職員室の改善要望で職員室の拡張が実現し
　　ました。

　☆東京都の中学校：要望の結果、教職員用のトイレで洋式化が実現しま
　　した。

　快適な職場環境は健康で働くための必須の条件です。

（2）ソフト面の取り組み

　働きやすい職場環境づくりで大切なソフト面の取り組みについて触れます。

　近年、「健康経営」という経営方針が企業において重要視されています。
「健康経営」という考え方は働く者にとって官民問わず共通して求められ
るものです。「健康経営」を参考に快適職場とは何かについて考えてみた
いと思います。

①「健康経営」（快適職場）とは

　健康経営研究会の理事長岡田邦夫氏は「健康経営」について次のように
述べています。

> 　「健康経営には健康投資という基盤が求められる。
>
> 　投資先は『間』である。人と人の『間』に投資すること、つまり
> コミュニケーション能力の育成を図ることである。次に時と時の『間』
> に投資すること、つまり、労働時間とプライベート時間をきちんと
> 分けること（ワーク・ライフ・バランス）である。事業者は、労働
> 者の労働時間を買いすぎると健康上の大きな責任を負うことになり、
> 残業代を未払いにすれば、法的な責任（罰則）を果たさなければな
> らない。
>
> 　一方、労働者も自分の時間を労働時間として売りすぎると、その

代償として健康障害を被ることになる。もう一つの『間』は空間である。快適な職場環境は、働く人の生産性を向上させる。また、働く人たちのコミュニケーション空間はソーシャルキャピタルに大きく寄与する。」

　ここで示されている「健康経営」の考え方「コミュニケーション能力の育成」「ワーク・ライフ・バランス」「ミュニケーション空間」は教育現場の管理職、教職員にも100パーセントあてはまるのではないかと考えます。

②「健康職場」と「不健康職場」の違い

　現職の教職員の方々から職場の問題等でよく相談を受けます。聞き取りの中で気づいたこと、明らかになってきたことがあります。それは病気休職者が「出やすい職場」と「出にくい職場」があるということです。
不健康職場と健康職場の特徴についてまとめました。
＜休職者が出やすい職場＞＝不健康職場
　　＊管理職が「働きやすい職場づくり」について明確な方針をもたず、
　　　取り組みが十分でない
　　＊職場の人間関係が希薄で良好でない
　　＊上意下達の学校運営、職場環境
　　＊長時間労働が慢性化している
　　＊パワハラまがいの言動が放置されている
　　＊困難な状況の時に(学級運営、保護者対応など)支える体制が弱い
＜休職者が出にくい職場＞＝健康職場
　　＊管理職が「働きやすい職場づくりを」という目標を持って、様々
　　　な配慮・気配りをしている
　　＊職場の人間関係が良好で、何でも気軽に相談できる
　　＊弱音を吐ける、聴いてもらえる
　　＊日頃から支援体制があり、困難なときも乗り切ることが出来る
　　＊職場の温かい雰囲気、モラルが保たれている
　経験上、大方納得いただけるのではないかと思います。
　「健康職場」においては、メンタルヘルス不調による休職者は少ないと

いう実態があります。

　人間関係が良好でない、支援が弱い職場は休職者が比較的多いという現状があります。

　教職員が自分の能力を発揮して、生き生きと気持ちよく働ける職場づくりを重視することは、メンタルヘルス対策としても重要な取り組みです。管理職の学校経営として、働きやすい職場環境づくりの方針と具体化は極めて重要です。

③「気持ちよく働ける職場」事例の紹介

　現職の教職員の方々から伺った「気持ちよく働ける職場」の事例を紹介します。

その1　＜管理職の教育的支援、気配り＞

　管理職が変わり職場の雰囲気が大きく変わりました。放課後、校内放送(校長)で教職員が職員室に集められました。机上には小さなケーキが配られ、全員参加による○○先生の誕生会が催されました。(1年で全教職員の誕生会を実施) 特に指導を要する児童が頑張ったことを学校長に報告したら、児童の家庭に電話を入れて「○○ちゃん頑張っていますね」と親を励ましてくれた等々。学校長の退職にあたって、全教職員で「還暦祝いの会」を催し労をねぎらいました。

　Aさんは、管理職の温かい教育的支援を受けて「最後まで教職を全うします。」と年賀状で決意を述べられていました。

　管理職が全教職員の様子を細かく把握し、教職員の喜怒哀楽に共感し、必要な教育的サポートで温かい支援を行っていることがAさんの話から分かります。

　教職員間の人間関係も良好で、教育研究や生徒指導等仕事に一層意欲が湧くようになったそうです。

その2　＜衛生管理者Bさんの提案でレク活動を実施＞

　超多忙な学校で、衛生管理者Bさんがおそるおそる提案した「職員レクリエーション計画」が承認され実施されました。

　☆安全衛生委員会主催　「夏の流しそうめん大会」

☆実施時期　夏季休業中の勤務日

　学校長、教頭、事務長から軍資金をいただき、持ち寄り野菜、流しそうめん道具一式等の提供で「夏の流しそうめん大会」を実施。ほぼ全員の参加を得て大好評で成功しました。これを契機に、冬の餅つき大会が計画され安全衛生委員会が準備することになりました。

　担当した衛生管理者Bさんは、取り組みの効果について次のようにまとめています。

　☆危機場面の初期対応で意思疎通のとれた対応につながる。

　☆職員の働きやすさ、メンタルヘルスの維持につながる。

　☆職員間の雰囲気の良さは、生徒の安心に繋がる。

　進学校（高校）で、多忙な日々を過ごす教職員の人間関係を少しでもよくしたいと考えて提案した「夏の流しそうめん大会」は、予想外の成功をおさめ、これを契機に職場の雰囲気が変わったそうです。リクエストの行事で「冬の餅つき大会」にまで発展しました。多忙は人間関係を希薄にします。だからこそ、敢えて触れ合い時間を設定し職場のコミュニケーションを取り戻す試みが求められているのです。

その3　＜地道な衛生委員会活動の結果＞

　M県S市では全ての学校に衛生委員会の設置が義務づけられています。

　同市のN中の快適職場環境アンケートの結果について一部ですが紹介します。

Q職場に支えあったり、協力しあう人間関係がありますか（同僚性）

　　はい　25　いいえ　0

Q生きがいを持って働くことができていますか（仕事内容への満足度）

　　はい　23　いいえ　2

Q年休が気持ちよくとれる雰囲気になっていますか

　　はい　25　いいえ　0

Q職員の意見が尊重され、学校運営に反映されていますか

　　はい　24　いいえ　0　？　1

> 意見欄
> 　校長、教頭の職員への心配りが常に感じられ、安心して働くことができる。

　中学校の事例ですが、教職員アンケート結果を見ただけで職場環境が大変良いことがわかります。

　「支えあう、協力しあう関係」「生きがいを持って働く」「意見の反映」「校長、教頭の心配り」これらは誰もが気持ちよく働けるための条件であり、キーワードとなるものです。

　三つの例で共通していることは、どこも人間関係づくりに工夫があること、その結果、人間関係が良好になってきているということ、そして管理職の姿勢がカギを握っているということです。

　人間関係をどう繋げていくか、快適職場づくりでとても重要な課題です。

3　健康管理の取り組み

（1）健康管理　その1

　健康管理について触れます。

　健康管理の取り組みは労安法の第二章「健康の保持増進のための措置」の第65条から第71条にあります。

　ここでは健康診断について説明します。

①健康診断について

あ）健康診断の目的は何か

　教職員の健康状態を継続して把握し、何か異常が生じる場合には、早期に兆候等を発見し、健康障害を最小限に食い止めていく事、さらに、健康状態に応じた就業上の措置を講じる場合の資料にするためです。

　健康診断は教育委員会に実施義務があり、教職員には受診義務があります。

　健康診断の結果、就業上支障が生じた場合は勤務時間の軽減等学校長は事後措置を行う必要があります。

　健康を維持して働くために、健診結果を有効に活用する必要があります。

い）一般健康診断について

一般健康診断には、雇い入時健康診断等4種類ありますが、ここでは定期健康診断について触れます。

a) 健診回数

　原則的に1年以内に1回行います。

b) 検査項目と検査目的

　＊既往歴、業務歴の調査

業務歴は健康状態判断のよりどころとなります。（例：症状とアスベスト関連の仕事歴）

　＊自覚症状、他覚症状の有無の検査

不眠、食欲不振、倦怠感等の自覚症状は、健康異常を診る大事な検査となります。

前記3つの自覚症状は抑うつ的状態の特徴を表しています。メンタル面の異常を察知できます。

　＊身長、体重、腹囲、視力、聴力の検査

BMI（肥満度判定指数）では22の数値が理想とされています。

肥満には内臓脂肪型と皮下脂肪型の2つのタイプがあります。

メタボ予防のためにウエスト周囲径が、男性は85センチ、女性は90センチを超えないよう気をつけましょう。

　＊胸部エックス線検査、かくたん検査

肺結核は近年時々発生しており要注意です。

　＊血圧測定

血圧が高いと脳血管障害等の発症要因となります。高血圧は要注意です。

　＊貧血検査

消化管出血など二次性貧血等を発見するためのものです。

　＊肝機能検査

　γ―GTPは飲酒による肝障害を診る指数です。

　＊血中脂質検査

脂質代謝異常は動脈硬化の要因となります。動脈硬化は狭心症、心筋梗塞、脳出血、脳梗塞等の発症要因となるので要注意です。長時間労

働と脳・心臓疾患は関連があるので注意が必要です。

＊血糖検査

高血糖は動脈硬化の危険因子です。高血糖の放置は糖尿病網膜症（視力低下）、糖尿病腎症（腎臓機能低下）等につながる危険性があるので定期の測定、健康管理が必要です。

＊尿中の糖、蛋白の有無検査

高血糖や腎疾患を調べる検査です。

＊心電図検査

不整脈、虚血性心疾患（狭心症等）、高血圧による心臓の異常を発見するためのものです。

②健診結果の有効活用を

あ）死の四重奏に要注意を

肥満、高血圧、高血糖、高脂血症は死の四重奏と言われており、放置していると重大な結果を招くことになります。健診結果をもとに早期の治療、対策を怠らないことが大切です。

い）長時間労働、過密労働に注意を

長時間・過密労働は脳・心臓疾患、うつ病の発症要因であることが医学的に明らかになっています。労働時間を適正にすることは、脳・心臓疾患、うつ病の発症を防ぐことになります。

う）健診結果を活用した教職員研修を

年に一度は健診結果の見方、健康対策等について産業医や保健師を講師に健康管理研修を行いましょう。健診結果を活かす、有効活用するためです。

え）有所見者は保健指導を受けましょう

健診の結果、所見を有する教職員を対象にどのようにして健康管理を行うかについては、医師又は保健師による保健指導を実施することを事業者（教育委員会）の努力義務としています。保健指導は健康リスク低減に有効です。

健康で働くことは教職員の基本的権利です。健康診断はそれを保障するために行われる検査です。

健康診断と結果通知のみで、あとは自己責任とならないように労安法の

「健康管理」条項の具体化を進めていきましょう。

（2）健康管理　その2

①ストレスチェックの活用

　健康管理の取り組みとして健康診断とその結果の活用があります。

　今日、さらに大切なのがメンタルヘルス対策です。

　教職員の精神疾患休職者が高止まりで、看過できない実態があり対策が求められていること、ストレスチェックが始まり、対策、有効活用が求められていることがあります。

②ラインケアとセルフケアの取り組み

　メンタルヘルス対策としてラインケアの取り組とセルフケアの取り組みがあります。

　管理職が行うラインケアと教職員自らが行うセルフケアは、第5章で詳しく説明します。

教職員のメンタルヘルス対策

(資料14)

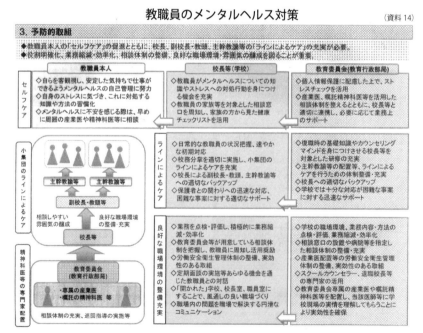

出典：文科省HP　「教職員のメンタルヘルス対策について（最終まとめ）」平成25年

心の健康保持対策は健康管理の大切な取り組みであることをご理解いただきたいと思います。

③「教職員メンタルヘルス対策について」（最終まとめ）の活用

2013年（平成9年）、文科省は「教職員のメンタルヘルス対策」（最終まとめ）を公表し、メンタルヘルス不調の現状、問題、対策について取り組むことを提起しています。

ここで、教育委員会、学校長等、教職員本人の予防的取り組み（資料14）を求めています。

大変参考となる報告です。ぜひご一読、ご活用いただきたいと思います。

検索☞　文科省　「教職員のメンタルヘルス対策について」（最終まとめ）　平成25年3月29日

4　安全衛生教育の取り組み

労働安全衛生の取り組みで欠かせないのが安全衛生教育です。安全衛生教育が疎かにされると労働者に取り返しのつかない被害が及ぶことがあります。

教育現場では残念ながら管理職、教職員向けの安全衛生教育が十分に実施されていません。その為、健康面で看過できない状況が続いています。

労安法に基づく安全衛生教育の内容につい紹介します。

（1）安全衛生教育の軽視が原因で膀胱がんが多発

2015年に福井県で染料・顔料の原料を製造している工場の労働者5人が相次いで膀胱がんを発症するという問題が起きました。発がん性が指摘されているオルトートルイジンを工場では扱っていましたが、ガスと粉じんが蔓延し劣悪な職場環境が放置されていました。

有害な化学物質を扱う場合は、事業者には職場責任者と労働者に対し予防のための教育、施設設備の設置を行うことが義務づけられています。

教育現場においても、安全衛生教育を怠ると労働者に命に係わる被害を及ぼすことがあります。

（2）労安法で求められている安全衛生教育

　労安法では、労働災害を防止する為に、監督者、責任者、労働者に対する教育を強化し人的な災害要因を除去するための教育を義務付けています。

　安全衛生の教育には法定教育と法定外教育があります。学校に関連する法定教育について触れます。

①新規雇い入れ者に対する教育（労安法59条の1）

　教育の内容は、担当する仕事に関して客観的に必要とされる程度に具体的なものが求められます。教育委員会主催の初任研や学校での初任研で安全衛生の教育が必要です。

　研修内容の例として「ワーク・ライフ・バランスと教育活動の充実」「セルフケア」等が考えられます。

②職長に対する教育（同60条）

　職長や現場監督者に対し、その職務に必要とされる事項について安全衛生のための教育を義務づけています。新たに学校長、教頭職に就いた場合、「教職員のための安全衛生の教育」を受けることが必要です。

③安全管理者に対する能力向上教育（同19条の2）

　事業者（教育委員会）は、衛生管理者や衛生推進者に対し安全衛生の能力の向上を図るための教育を行う義務を負っています。毎年、計画的に衛生推進者等を対象にした安全衛生の教育を行う必要があります。

④行政指導に基づく教育

　　◇石綿除去現場の管理者に対する教育

　　◇ VDT 作業者への教育

　厚労省から「VDT 作業における労働衛生管理のためのガイドラインについて」が公表されています。学校でも IT 化がすすんでおり VDT 作業による視力障害予防のためにこの研修も必須となっています。

（3）学校現場で求められる安全衛生の教育

　安全衛生教育を促進し労働環境・職場環境を改善することは、いのちと健康を守る上で不可欠です。

　学校では、教科研修や生徒指導研修等の研修はかなり熱心に行われていますが、教職員のための安全衛生に関する研修はほとんど実施されていません。

　長時間労働と過労死予防の研修、メンタルヘルス対策の研修、公務災害防止の研修、感染症予防対策の研修等、これらをテーマとする研修が今日必要不可欠となっています。年間の研修計画の柱に、安全衛生研修会という項目を立て、職場のニーズにあった研修会を必ず実施していただきたいと思います。

　研修のテーマについて参考までにいくつか紹介します。

①労働安全衛生法に関する教育

　管理職にとって必須の教育です。教職員も働き方を見直すうえで重要です。

②安全衛生に関する通知・通達・指針の周知

　厚労省、労働局の通知・リーフレット等は健康管理、安全と健康の取り組みをすすめる上で大変参考になります。

③衛生管理者・衛生推進者への教育

　教育委員会として安全衛生担当者を対象に毎年、最新情報に基づく安全衛生教育を実施します。

④過重労働防止対策の教育

　過重労働対策とは長時間労働対策・負担軽減対策で、働き方改革を進める為にも、校内研修で取り上げたいテーマです。

⑤メンタルヘルス対策の教育

　ストレスチェック後、ストレスプロフィールをもとにセルフケア研修を行うことで有効なメンタルヘルス対策となります。

⑥モラルハラスメント防止のための教育

　セクハラ・パワハラ防止の教育で、「セクハラ・パワハラをしない、させない、許さない」意識の醸成等大きな効果があります。

⑦公務災害防止のための教育

　学校では転倒・転落事故が少なくありません。ヒヤリハット、リスクアセスメント教育で事故を減少させることができます。

⑧熱中症予防のための教育

年々暑熱環境が増しており、熱中症から教職員と児童生徒を守る対策についての研修は必須です。

⑨感染症予防のための教育

　インフルエンザ、デング熱、ジカ熱、ノロウイルス、コロナウイルス等への対策研修も教職員と児童・生徒の命、健康を守るために必要な教育となっています。

　夏季の校内研修会で「教職員のための安全衛生研修会」で講師を務めることがあります。

　過酷な勤務をされている教職員の皆さんの為に、少しでもお役に立てるよう事前に要望をお聞きして研修を組み立てます。学校では、安全衛生に関する研修の経験が少ないためか新鮮な思い・気持ちで受けとめていただいているようです。

　若い教員の方々から次のような感想をいただきました。2名の方の感想を紹介します。

○「とても貴重なお話ありがとうございました。私は1年目ということともあり遅くまで残ってしまっているのですが、今日のお話を聞いて考え直す部分が沢山あることに気づきました。労働時間が長い程、心身に影響が出ることをデータで分かりやすく提示いただいたので長時間労働が危険なことなのだと理解できました。二学期からは勤務時間を考えて仕事をしようと思います。本当にありがとうございました。」
○「教員の仕事は大変だと覚悟して仕事を始めましたが、やはり現場では日々仕事が積み重なっていく辛さを経験しました。今日の講義で、残業が死や病気につながる現実を知り、自分の仕事を振り返ってみて心に無理をさせていたと実感しました。子どもの教育にしっかり熱を注ぐことも大切ですが、『からだが資本』で、2学期以降は生き生きと働くことができるようにしたいです。グループワークで悩みや工夫を知ることができ、とても有意義な時間となりました。ありがとうございました。」

　教職員の健康問題は労働と深く関連しています。今の働き方を考える、見直すうえで安全衛生の教育が大切です。

5　モラルハラスメント対策

　児童生徒たちの人格の完成を目指す教育現場において、人の人格や尊厳を否定する言動は、絶対にあってはならないことは言うまでもありません。

　しかし、残念ながら教職員間におけるモラルハラスメントが少なくない実態があります。

　2019 年には、実際に学校での教員による壮絶なパワハラ行為が明らかになり、世間の注目を集め厳正なる処分が下されました。

　児童・生徒間のいじめの予防に教職員が総力をあげねばならない状況のもと、これでは本気の取り組みはできません。

　まず、学校から教職員のいじめを一層することが重要です。

　近年、パワハラに関する相談が増えていて、産業カウンセラーの仕事をしている私のところに相談がよせられています。あるパワハラ事例では、被害者はメンタル不調に陥り、教育活動にも支障をきたし休職寸前の状態に陥っていました。

　相談者に寄り添い、細心の注意を払い、関係者と密な連絡・連携をした結果パワハラ行為はなくなり、相談者の方は次第にメンタル面が回復し、教育活動にも意欲的に専念されるようになりました。

　パワハラ行為の弊害を強く感じています。

　学校から、職場からモラルハラスメントを一層しなければなりません。

　パワハラとは何か、問題点、対策について触れます。

（1）パワハラの問題と予防・対策
①パワハラの定義

　どんな言動がパワハラに該当するのか、厚労省の「職場のいじめ・嫌がらせ問題に関する円卓会議」（2012 年）の提言ではその概念を次のように明記しています。

「職場のパワハラとは、同じ職場で働く者に対して、職務上の地位や人間関係などの職場内の優位性を背景に、業務の適正な範囲を超えて、精神的・身体的苦痛を与える又は職場環境を悪化させる行為を言う」。優位性については「上司から部下に行われるものだけでなく、先輩・後輩や同僚間などの様々な優位性を背景に行われるものも含まれる」としている点に留意する必要があります。

②パワハラ行為6類型と言動事例

前記「円卓会議」では、パワハラ行為を6つに分類しています。

①身体的な攻撃 (暴行・傷害)

②精神的な攻撃（脅迫・名誉毀損・侮辱）

③人間関係からの切り離し（隔離・無視）

④過大な要求（明らかに不要なことの強制等）

⑤過小な要求（能力、経験とかけ離れた低い仕事を命じる）

⑥個の侵害（私的なことへの過度な立ち入り）

さらに「これら以外にもパワハラになり得る行為がある」としている点に注意を払う必要があります。6類型には入ら

学校現場で起こりうる教師間のパワハラ事例

厚生労働省による6類型	学校現場での事例
①身体的な攻撃（暴行・傷害）	●「俺の方針に文句があるのか」と言われ、胸ぐらをつかまれた。 ●なかなか話を聞いてもらえず駐車場で声をかけたところ、自分の姿を確認したうえで車を発車したため、轢かれそうになった。 ●「生意気だな」とこずかれた。 ●イライラすると、物を投げてくることがよくあった。 ●「仕事が遅すぎる」とパソコンを破壊された。
②精神的な攻撃（脅迫・名誉毀損・侮辱・ひどい暴言）	●皆がいる職員室で、「教師失格だ」等と言われながら、書類の細かいミスを1時間以上指導された。 ●「こんなことも知らないなんて、○○大を卒業したとは思えませんね」と言われた。 ●CCに同僚を入れたうえで「先生は教師に向いていないのではないでしょうか」という内容のメールを一斉送信された。 ●授業を見に来て、生徒のいる前で「先生は教え方が下手ですね」と何度も言われた。 ●「進学率の数値をよくしないと、どうなるかわかっていますよね」と脅された。
③人間関係からの切り離し（隔離・仲間外し・無視）	●保護者への対応について意見したところ、それ以来複数の教員に話しかけても無視されていた。 ●あいさつしても、自分にだけ返ってこないことが日常的にあった。 ●「くさい」「不潔」と言われて、自分だけ離れた場所に席を置かれた。 ●教職員の飲み会があったが、自分だけ呼ばれていなかった。 ●自分の知らないところで、重要な会議が開かれていた。
④過大な要求（業務上明らかに不要なことや遂行不可能なことの強制、仕事の妨害）	●新任教員だという理由で、「これもお前の仕事だ」と飲み会に呼び出され個人的な送り迎え役をさせられた。 ●「パトロールは若手の仕事」と、就業時間外に毎日夜22時までパトロールさせられた。 ●「明日の朝までに仕上げろ」と夕方に仕事を依頼されることが何度もあった。 ●「生徒が事故に遭ったのも教師の責任」と、毎日お見舞いに行くよう言われた。
⑤過小な要求（業務上の合理性なく、能力や経験とかけ離れた程度の低い仕事を命じることや仕事を与えないこと）	●指導能力の強化研修と称し、誰もいない教室で模擬授業を何度もさせられた。 ●仕事でミスをしたところ、「しばらく庭仕事でもしていなさい」と教師の業務をさせてもらえなかった。 ●「まだ若いから無理」と、何年も担任をさせてもらえなかった。 ●「誤字脱字が多すぎる」と、何日間もシュレッダー作業をさせられた。 ●「生徒の指導がなっていない」と言われ、1週間校則全文の書き写し作業をしているよう命じられた。
⑥個の侵害（私的なことに過度に立ち入ること）	●年休を申請しようとしたところ、その理由を根ほり葉ほりたずねられたうえで、結局年休をとらせてもらえなかった。 ●仕事で必要ないのに机の中を勝手に見られ、持ち物について細かく論評された。 ●毎日、昼の休憩時間中に終えねばならない20分以上かかる作業を命じられた。 ●学生時代から行っているボランティア活動に対して、時間外に活動にもかかわらず、やめるように迫られた。 ●仕事以外のことだけでなく、私生活のことまで事細かに注意を受け、そのとおりにしていないことが分かると数十項目もひきとめられて注意を受けた。

出典 『教職研修』（2012年5月号）津野香奈美「パワハラとは何か」

ないが人権無視のひどい言動が少なからずあります。6 類型での学校現場のパワハラ事例（資料 15）を例示しました。

　これらの事例は小・中学校の教員からの調査をもとにまとめたものです（和歌山県立医科大学　津野香奈美氏）。どの言動にも共通するのは人格・人間性を否定し人権を無視していることです。人格を育てる教育現場に、あってはならない言動です。

③パワハラの問題

　◇職場にどんな弊害をもたらすか

あ）心の健康を壊す、時には命の危険も

　パワハラが原因でうつ病を発症し休職を余儀なくされたという例が少なくありません。また、自死に至るケースも起きています。

い）働く権利・生活する権利を奪う

　あるベテラン女教師の例です。管理職によるパワハラ言動が原因で学校に行けなくなり、休職に入りました。自宅にかかる電話も受けられないほど精神的に疲弊。専門医の治療を受けましたが回復せず、退職されました。

う）職場の労働環境を悪化させ、教育活動にも弊害が発生

　パワハラ言動が放置、横行するような職場の環境、雰囲気は平等・対等な人間関係が損なわれ服従的な相互の関係になりがちです。あるワンマン校長の学校では年度末の人事で教職員の約半数が異動を希望し、異動が行われました。「もう我慢できない」という抗議の意志のあらわれでした。

　このような職場では生き生きと働き、意欲をもって仕事を行うことは困難です。

え）パワハラは憲法に反します

　パワハラ行為は憲法上次の条文に違反する行為です。

　　第 11 条（基本的人権の享有）

　　第 13 条（個人の尊重、生命・自由・幸福追求の権利の尊重）

　　第 25 条（生存権、国の生存権保障義務）

お）パワハラは労働契約法に反する行為

　「使用者は、労働契約に伴い、労働者がその生命、身体等の安全を確保し

つつ労働することができるよう、必要な配慮をするものとする」（第5条労働者の安全への配慮）。パワハラは心身の健康を壊す行為です。立場の上下に関係なく相互の安全配慮が求められます。

か）パワハラは民法・刑法に反する行為

　○民法上の違反行為

　　使用者責任（民法715条）共同不法行為（同719条）債務不履行（同415条）不法行為（同709条）

　○刑法上の違反行為

　　強要罪（刑法223条）名誉毀損罪（同230条）侮辱罪（同231条）傷害罪（同204条）脅迫罪（同222条）暴行罪（同208条）

　資料15にある言動・行為には憲法、労働契約法、刑法や民法に反するものが多くあります。

　人格・人権を否定する言動があった時に、泣き寝入りせず、人権回復、不当言動を糺すうえで憲法、法令をもとに取り組むことが重要です。

　仮に訴訟となった場合は、憲法、法律（労安法、労働契約法、刑法、民法等）、パワハラ防止指針等が判断の基準となって判定がなされることになります。

④パワハラの予防と対策

あ）もし、パワハラが発生したら

　a) パワハラに対し、黙る我慢する対応は加害行為をエスカレートさせます。信頼できる方に知らせ相談しましょう。

　b) 加害者に対して、その言動はパワハラであることを伝え、やめることを求めましょう。場合によっては謝罪を求めましょう。

　c) パワハラが継続する場合は、その言動を詳細に記録し、上司・是正機関に是正・改善の指導監督を求めましょう。

　d)パワハラによる被害が甚大なときは、損害賠償請求や公務災害補償申請をしましょう。

い）パワハラの予防

　a)「パワハラ防止のための要綱」の策定を教育委員会に求めましょう。

b) 教職員研修会で「パワハラ防止要綱」をテキストにパワハラ防止の
ための学習をしましょう。

c) 職場環境調査でパワハラチェックをしましょう。予防効果があります。

う）パワハラ防止指針の活用を

　2020 年 1 月、厚労省からパワハラ防止指針が公表されました。施行は
同年 6 月からです。教育委員会はこの指針をもとに既に策定されている
パワハラ予防要綱を改正する必要があります。

（2）　セクハラ問題と予防・対策

　セクハラは比較的見えにくいのが特徴です。見えにくいところで少なか
らずセクハラ行為が発生しています。

　セクハラとは何か、問題点、予防と対策について触れます。

①セクハラとは何か

　あるセクハラ相談事例から

　臨時採用の女性教員が職場の男性教員からしつこくつきまとわれ、避け
ても断っても執拗に接近されるという迷惑行為が続き、関係を求められる
こともありました。職場の同僚に相談し、適切な対応の結果迷惑行為がな
くなりました。明白なセクハラ行為です。表面化しづらい問題ですが、実
際に見えにくいところで問題が起きています。

②セクハラの定義

あ）男女雇用機会均等法 11 条でのセクハラ定義

　均等法ではセクハラについて次のように定義しています。

　　事業主は、職場において行われる性的な言動に対するその雇用す
る労働者の対応により当該労働者がその労働条件につき不利益を受
け、又は当該労働者の性的な言動により当該労働者の就業環境が害
されることのないよう、当該労働者からの相談に応じ、適切に対応
するために必要な体制の整備その他の雇用管理上必要な措置を講じ
なければならない。

　セクハラの定義が法律で定められたということは、背景に少なくないセ

クハラ事例が発生し、看過できない実態があるからです。

い）セクハラの具体例

性的な内容の発言	性的な行動
・性的な事実関係を尋ねる	・性的な関係を強要する
・性的な内容の噂を流布する	・必要なく身体に接触する
・性的な冗談やからかい	・わいせつ図画を配布・掲示
・食事やデートへの執拗な誘い	・強制わいせつ行為
・個人的な性的体験談を話すなど	・強姦　　　　　　など

　どのような言動がセクハラに該当するか、知るだけでも抑止・予防に役立つのではないかと思います。

③セクハラの問題

あ）精神的ダメージを負う（トラウマとなる）

　セクハラ言動を繰り返し受けた方が、職場が代わっても加害者と偶然ある会合で会い、言葉を発することができないということがありました。セクハラ被害の問題、深刻さをこの例から実感しました。

い）労働する・生活する権利等が奪われる

　企業で働いていたＳさんは職場の上司から「一緒に旅行に行きたい」等言葉のセクハラを繰り返しされました。会社に相談すると、上司を擁護する態度をとられ「以前のように上手くやってくれ」と、是正・改善の指導がなく、やむなく退職を余儀なくされました。

　被害者が労働する場を失う、その結果生活が脅かされるという問題が起こります。

う）「死にたい」という気持ちにさせることもある

　Ｓさんの日記には「夢に職場の人が現れ『こだわるな、気にしすぎだ』と笑われた」「気持ちが沈む、死にたい」との思いが綴られていたそうです。セクハラは放置したり、許したりしてはいけない行為です。

④セクハラの予防と対策

あ）教育委員会のセクハラ防止措置義務

　厚生労働省大臣指針ではセクハラ防止のために使用者に次のことを義務

づけています。

①セクハラの内容、セクハラがあってはならない旨の方針を明確化し、周知・啓発する

②行為者に対しては厳正に対処する旨の方針・対処の内容を就業規則に規定し、周知・啓発する

③相談窓口を定める

④窓口相談者は適切に対処すること

⑤事実関係を迅速かつ正確に確認する

⑥事実確認ができた場合、行為者、被害者に対する措置を適切に行う

⑦再発防止に向けた措置を行う

⑧相談者、行為者のプライバシーを保護するため必要な措置を講じ、周知する

⑨相談したこと、事実の確認に協力したこと等を理由として不利益取り扱いを行ってはならない旨を定め、労働者に周知する

　②の部分で厳正に対処する内容を就業規則に規定するとあります。男女雇用機会均等法では、懲戒規定への記載例として出勤停止、解雇、免職、停職などをあげています。

　教育委員会はセクハラ予防のために大臣指針を基準にガイドラインを定め管理職、教職員に周知する必要があります。

い）職場（学校）での取り組み

　a) セクハラ予防の教職員研修会の開催

　　どのような言動がセクハラになるのか、その問題点等について、まず理解することが必要です。

　　セクハラ言動の問題を理解・認識することで「しない、させない、許さない」職場環境を形成できます。

　b) 職場環境調査で「セクハラチェック」

　　「快適職場環境調査」として次の項目を入れてはどうでしょうか。

　　人間関係（良い、ふつう、良くない）

　　セクハラ（された、見た、聞いた、ない）

このような項目の職場環境調査によりセクハラ抑止の効果を高めることができます。

c) 良好な人間関係づくり

悩みを相談できる人間関係づくりが大切です。人間関係が良い職場では迷惑行為に対して、放置しない、許さないといった是正のための動きが出てきます。

う）個人の取り組み

a) 万一被害に遭ったら

* 記録又は録音を

セクハラ被害に遭ったら、ありのままを記録又は、録音することが大切です。セクハラ行為を止めさせる是正指導や懲戒処分、裁判等で有効です。

* 毅然とした態度で止めることを要求しましょう

不愉快と思いつつセクハラ言動を許していると、受け入れられているとの誤解を加害者に与えかねません。言葉と態度で止めることを要求することが大切です。

* 早期に、信頼できる人に相談しましょう

相談することで、苦しみ、不安を和らげることができます。セクハラ行為を止めさせる為の支援を求めましょう。

* 教育委員会、管理職に是正指導を求めましょう。

セクハラ言動が止まない、懲戒処分が妥当なケースの場合は、迅速に指導監督の立場にある部署、管理職に是正指導を求めましょう。

b) 同僚から相談を受けたら

* 話をじっくり聞きましょう

セクハラ被害者は、一人で悩み苦しんでいます。ひたすら話を聴くことで不安、苦しみを緩和することができます。

* 一緒に是正・指導を求めましょう

セクハラ行為が確認できたら、被害者救済の為に了解を得た上で、一緒に是正指導を求める行動を起こしましょう。

6　公務災害予防の取り組み

　教育現場における事故、災害が少なからず起きています。墜落、転落、運動中の負傷、さらに長時間労働による過労死など深刻な事例も発生しています。

　教職員の事故・負傷を少なくし、なくしていく取り組みについて触れます。

（1）　災害防止活動は労働安全衛生活動そのものです。

　労安法第1条（目的）には、「労働災害防止のための危害防止基準の確立」「労働者の安全と健康を確保する」とあり、労働災害防止のための活動は労安活動そのものです。事故、負傷等をゼロにすることは難しいですが対策をとることで少なくする、重篤度を致命的なものから軽度に抑えることができます。

（2）　事故防止・安全確保のための基礎知識
①事故が起きる2つの原因

　事故が起きる時、2つの原因があります。

　1つは不安全状態がある時です。通路に物が置いてある、整備不良などの状態です。

　2つ目は、不安全な行動をとる時です。

　スマホを見ながら歩行をする、誤った動作をする時です。不安全状態を改善し、不安全行動を改めれば事故を防ぐことが可能となります。

②人には3つのヒューマンエラーがある

　人は誰でも無意識に不安全な行動をしてしまう特性があります。ヒューマンエラーです。ヒューマンエラーには3つのエラーがあります。

＊知覚・認識のエラー	気付かなかった、見落とした、見間違えたなど
＊判断・記憶のエラー	忘れた、勘違いした、慌てた、深く考なかったなど

どなたも思い当たる経験があるのではないでしょうか。

「人は不安全な行動をしてしまう」ことを想定、前提にした対策が求められます。

（3）　教育現場でどんな事故・災害が起きているのか

教育職員の公務災害が徐々に増えています。公務災害を千人率でみると2003 年は 5.3 でしたが、2018 年には 7.5 と増加しています。(資料 16)

＊千人率とは労働者千人当たりに発生した死傷者数の割合を示すもの。

①校種別公務災害認定案件から

校種別にみると、小学校で 41％、中学校で 24％、高校で 19％、特別支援学校で 14％となっています。

②態様別公務災害認定案件から

災害がいつ発生しているかをみると、授業中が 25％、清掃その他作業中が 21％、部活動指導中が 14％、校内移動中が 12%, 学校行事が 9 ％、その他が 19％となっています。

③教職員の公務災害の特徴

校種を問わず教職員の公務災害でよく見られるのが「運動中の事故」で公務災害の 36.9％を占め、授業中や学校行事、部活動指導中、休み時間に頻出しています。

また、「墜落・転落・転倒」の事故は 30.1％に上っています。

教職員の場合、「運動中の事故」と「墜落・転落・転倒」が大変多いことが明らかになっています。この他、「刃物・鋭利なものによる創傷」が7.7％を占め、児童・生徒との接触による事故、負傷も少なからず発生し

(資料 16)

年	2003	2008	2013	2018
公務災害千人率	5.3	5.9	6.4	7.5

出典：地方公務員災害補償基金「主な職員区分別公務災害千人率の推移」をもとに著者が作成

ています。

　公務災害を予防す3つの取り組みについて紹介します。

（4）　公務災害防止の取り組み
①職場巡視で事故防止の対策
あ）職場巡視の目的

　職場巡視の目的は、教職員の安全と健康を確保するために、職場環境をチェックして危険箇所、不衛生箇所を点検し、事故・災害防止のための対策・措置を行うためです。

い）法的根拠は何か

　衛生管理者、産業医には職場巡視が義務付けられています。衛生推進者は義務付けはありませんが職務として求められています。職場巡視は担当者だけでなく衛生委員会のチームで、集団の目で職場を巡視することで気づかなかった危険・不衛生箇所を発見することができ、事故・災害防止に大きな効果があります。

う）職場巡視の準備と実施

　a) 職場巡視の準備

　　思い付きの巡視

職場巡視チェックリスト　(図1)

日時		月　　日　　時　〜　　時			
巡視同行者					
場所	評価				気づいたこと（改善すべき、参考にすべき）
	良	要改善	要検討		
職員室					
印刷室					
事務室					
校務員室					
保健室					
図書室					
教室					
体育館					
休養室					
その他					
特別教室	理科室				
	家庭科室				
	音楽室				

著者作成

や巡視箇所がいつも違うというのは避ける必要があります。

　職場巡視チェックリスト（図1）をもとにチェック（良・要改善・要検討）していきます。

　b) 職場巡視の実施

　　衛生委員会のチーム又は数人（4人〜5人程度）で巡視をします。できるだけ多くのメンバーで巡視をすることで多くの気づきを得ることができます。五感（視覚、聴覚、味覚、嗅覚、触覚）を働かせて職場環境チェックをすることも大切です。

　　「この場所はかび臭いね。」「この音は難聴予防のために対策が必要。」等、集団で巡視をすると見過ごしていた危険、問題箇所の発見につながります。

　c) 職場巡視の報告

　　職場巡視の結果は教職員に巡視報告します。このことにより教職員に危険・問題箇所を周知して災害予防に役立てることができます。

　　また、「ここも危険だ。みんなに知らせて改善措置を取ってもらおう」という気づきや災害予防の意識を職場で高めることもできます。

②ヒヤリ・ハット報告で事故防止の対策

あ）ヒヤリ・ハットは事故、災害の芽

　仕事をしているときに事故には至らなかったものの、「ひやり」としたり「はっ」とすることがあります。このヒヤリ・ハットには災害の芽が潜んでいるといわれます。災害の芽を放置せず対策をとることで事故を未然に防ぐことが可能となります。

い）ハインリッヒの法則を生かした対策

　ハインリッヒの法則とは「1件の重大事故（死亡等）があったとすると、その背景に29件の中程度の事故と300件の軽微な事故やヒヤリ・ハットがある」という統計に基づいた経験則です。「1：29：300の法則」ともいわれています。

　ハインリッヒの法則からヒヤリ・ハット経験への対策が事故防止につながることが理解できます。

う）取り組みの手順

a) ヒヤリ・ハット報告書の記入

　　教職員にヒヤリ・ハット報告書（図2）に自分のヒヤリ・ハット経験を記入してもらいます。教職員のヒヤリ・ハット経験に職場のハザード（危険性、有害性）が潜んでいます。

b)ヒヤリ・ハットマップで職場の危険箇所を可視化する

　　ヒヤリ・ハットマップに教職員から提供されたヒヤリ・ハット箇所を書き込みま

（図2）

ヒヤリハット報告書

氏名（　　　　　　　　　　）

いつ	年 月　日　　時頃	事故の分類 該当する番号を〇で囲んで下さい
どこで		1 墜落・転落 2 転倒
何をしていた		3 激突 4 落下 5 挟まれ・巻き込まれ
どうなった		6 切れ・こすれ 7 有害物との接触 8 高温物との接触 9 感電 10 その他（　　　　　　　）

○　どうすれば防げたと思いますか

○　改善すべきことについて書いて下さい

○　ヒヤリハットした場所を簡単に記入してください。（ヒヤリハットマップ）

著者作成

す。危険が潜んでいる場所には多くの教職員がヒヤリ・ハット報告をするので職場の危険箇所（ハザード）が明らかになります。

c) 危険箇所の点検で改善措置を実施

　　危険箇所を集団(衛生委員会等)で点検・検討し、危険箇所の改善計画を策定し、早急に改善措置を執ります。

d) 危険箇所の改善報告

　　教職員に危険箇所の改善措置を知らせ、危険除去が果たせたかの確認作業を行います。

え）公務災害防止のための研修会の実施

ヒヤリ・ハット報告の集計によって職場の様々なハザードが明らかにな

ります。「墜落、転落、転倒防止のための対策」「運動中の事故防止のための対策」など、どうすれば事故、危険を回避できるか教職員研修を計画的に実施することで事故、災害を軽減・防止することが可能となります。

③リスクアセスメントで事故防止の対策

　今までは、重大な事故が発生した時に、再発を防止するために事後の対策が多く取られてきました。犠牲者が出てから対策をとるのでなく、事前に事故対策を取り災害を防止する取り組みがリスクアセスメントです。

　労安法では、努力義務として規定されています。指定化学物質を取り扱う事業場では重大事故の発生を予防するために義務化されています。

　2020年8月、レバノンのベイルートで硝酸アンモニウムが爆発し、多数の死傷者が出て甚大な被害が発生しました。原料のずさんな管理が原因とされています。必要な対策を怠ると取り返しのつかない重大事故が起こります。

　事故が起きてから防止の対策をとるのではなく、事前対策を講じることで、事故を少なく、小さく、防止することができるのです。

あ）リスクアセスメントとは

　リスクアセスメントとは、職場に潜んでいるハザード（危険源）を調査して

リスクアセスメントの手順と対策　　　　　　　　　（図3）

① ハザードの特定	災害や中毒のもとになるハザード（機械、電気、化学物質等）を洗い出し、それを作業ごとに特定します。	
② リスクの見積もり	起こりうる負傷・疾病の重篤度（危害のひどさ）や発生可能性の度合いを見積もります。	
③ リスクの評価	予想される重篤度と発生の可能性（危害に至る可能性）を考慮してリスクのレベルを分類します。	
④ リスクの低減措置・記録	リスクレベルの高いものから優先して対策を立てます。一連の取り組みは全て記録しておきます。	

出典　厚生労働省のリスクアセスメント資料を参考に著者作成

見つけ出し、そのハザードによるリスクを見積もり、評価し、リスクの除去・低減対策を実施し、記録する取り組みです。

い）リスクアセスメントの手順と対策

　リスクアセスメントは（図3）にあるように①②③④の手順ですすめていきます。

う）リスクの見積もり・評価・低減措置

　リスクの見積もりは「負傷・疾病の重篤度」と「発生可能性の度合い」の区分によって算出されます。

　リスクの評価とリスクの低減措置は、「負傷・疾病の重篤度」と「発生可能性の度合い」をかけ合わせたマトリスクから見積もり、リスクレベルの高いものから優先して対策を立てます。

え）ある事例をもとにしたリスクアセスメントの例

　＜事例＞　実際に発生した学校での事故

「児童作品を後ろの壁面に掲示しようと、机の上に椅子を載せ、そのうえで作業を行った。椅子がずれて転落し骨折、打撲を負った」

　リスクアセスメントの手順
　　○ハザードの特定
　　　・机の上に椅子をのせて、その上で壁面への掲示作業を行った。
　　○リスクの見積もり（図4）

「負傷・疾病の重篤度」の区分　　　　　　（図4）

① 致命的	死亡災害や身体の一部に永久損傷を伴うもの
② 重大	休業災害（1か月以上のもの）、一度に多数の被災者を伴うもの
③ 中程度	休業災害（1か月未満のもの）、一度に複数の被災者を伴うもの
④ 軽度	不休災害やかすり傷程度のもの

「発生可能性の度合い」の区分

① 極めて高い	日常的に長時間行われる作業に伴うもので回避困難なもの
② 比較的高い	日常的に行われる作業に伴うもので回避可能なもの
③ 可能性がある	非定常的な作業に伴うもので回避可能なもの
④ ほとんどない	稀にしか行われない作業に伴うもので回避可能なもの

出典：厚生労働省のリスクアセスメント資料を参考に著者作成

マトリスク　　　　　　　　　　　（図5）

発生可能性の度合い	重篤度			
	致命的	重大	中程度	軽症
極めて高い	5	5	4	3
比較的高い	5	4	3	2
可能性がある	4	3	2	1
ほとんどない	4	3	1	1

リスク		低減措置の優先度
4～5	高	直ちにリスク低減措置を実施、措置を講じるまで作業停止
2～3	中	速やかにリスク低減措置を実施
1	低	必要に応じてリスク低減措置を実施

出典：厚生労働省のリスクアセスメント資料を参考に著者作成

・椅子がずれて転落し、骨折・打撲を負った。
・負傷の重篤度は「中程度」
・発生可能性の度合いは「比較的高い」
○リスクの評価（図5）
・重篤度が「中程度」で発生可能性が「比較的高い」でリスクは「3」
　と評価します。
○リスクの低減措置、記録
・低減措置の優先度は「3」と評価できるので「中程度のリスク」
　となり、速やかにリスク低減の措置を実施します。
○事故防止のための具体的なリスク低減措置
・掲示作業等高所での作業用に全学級に脚立を配置し、作業では使用
　を義務付ける。
・掲示作業の時は単独での作業を避け、声を掛け合って複数で行うこ
　とを教職員間で申し合わせる。
　紹介した事例は私が現職の時に実際に職場で発生した事故でした。事故
再発防止のために検討した結果、全学級に特注の脚立が配置され、教職員
間の申し合わせ（複数で作業）を実行することで転落事故はその後なくなり
ました。

教育委員会・学校管理職・教職員 それぞれの役割

　第5章では、学校で労安活動を具体的に進めるために教育委員会、学校管理職、教職員の方々に行っていただきたいことについて説明します。

　はじめに、教職員が心身ともに健康で生き生きと仕事に専念できるための事業者である教育委員会の責務、施策等について説明します。

　次に、教職員の安全配慮義務の履行、職場環境の改善に学校管理職が負う役割について説明します。

　さいごに、人間らしく生き働き、よりよい教育を保障するための教職員の働き方について述べます。

1　教育委員会の役割

（1）　教育委員会は労働安全衛生法上の事業者です

　教育委員会は労安法では事業者となります。都道府県と区市町村教育委員会の役割はほぼ同じです。ここで教育委員会という場合は両者を指します。

　学校は、労安法上は事業場という位置づけとなります。

（2）トップの方針表明、PDCAで持続的改善を図る

　教育委員会は所管する学校、教職員の安全・健康の確保、事故・危険防止対策、快適な職場環境の形成に努めねばなりません。教育委員会における労安法上の総括責任者には教育長又は教育部長（次長）等が就きます。予算・人事に関する権限を有する立場にある者となります。

　安全衛生の総括責任者は年度当初に、安全衛生に関する方針の表明をすることが求められています（労働安全衛生マネジメントシステム）。さらに、方針の表明だけでなく計画・実行・評価・改善を行い、よりよい職場環境の改善に努めなければなりません。

（3）安全衛生対策予算の確保

　これまでは、教職員のための安全・衛生にかかわる予算措置はきわめて不十分でした。理由としては、教育委員会の労働安全衛生対策への必要性の認識、理解が十分でなかったことがあります。

　また、教職員が心身健康であることの意義、必要性はわかっているのですが、必要な予算を確保して労働安全衛生の具体的取り組みを行うことで教職員の安全と健康を確保するという措置が十分ではありませんでした。

　安全衛生の施策を進めるうえで予算の確保が必須となります。

　どのくらいの予算が必要か、概要を説明します。

①安全衛生対策に係る経費

＊安全衛生管理体制の整備費
　・安全衛生委員会の設置費（会議費、会場費、委員の派遣費等）
　・安全衛生委員の選任（衛生管理者資格取得費、衛生推進者講習会費等）
　・産業医の選任（産業医活動報酬費等）
＊作業管理に係る経費（勤務時間管理費用等）
＊作業環境管理（事務所衛生基準等による環境改善、エアコン設置等）
＊健康管理（健康診断、事後措置、ストレスチェック、面接指導等）
＊安全衛生教育（衛生推進者研修会費用、安全衛生各種研修会等）
＊その他（教職員カウンセリング対策費用等）

　前記した安全衛生施策に係る費用は、どうしても欠かすことのできないものばかりでそれなりの予算措置が必要となります。

　参考までにある教育委員会（教職員数約2600人）の安全衛生関連対策費について紹介します。

②ある教育委員会の安全衛生対策費

○安全衛生関連研修会費	約	40万円
○産業医活動報奨金（産業医30人分）	約	760万円
○ストレスチェック関連費	約	280万円
○教職員メンタルヘルス関連費	約	840万円

○その他の安全衛生関連費　　　　　　　約　　40万円

総経費　　　　　　　　　　　　　　約　1,960万円

何をやるにしてもお金が無ければやりたいことができません。

前記の教育委員会は、必要な事業を展開するために予算を計上し取り組みを進めてきた結果、毎年約2000万円近い必要経費が確保されています。

各自治体とも教育予算はそれなりの配分がされていますが、教育予算の中で「学校・教職員の安全衛生対策」予算は大変少ないのが現状となっています。教育委員会の安全衛生担当の方と「学校管理職のための安全衛生研修会」「教職員のメンタルヘルス対策」等について、実施に関する相談をすることが度々ありますが、「予算がない」という話がよく出てきます。

「教職員が心身共に健康で働けることは児童・生徒たちの教育に寄与する」という前提に立てば、「心身の健康を保障する」安全衛生対策予算を毎年確保することがどうしても必要となってきます。教育委員会の基本方針の中に「教職員のための安全・衛生対策の推進」が位置づくことで、必要な予算措置が行われることになると思います。

トップの方針表明の中に「教職員の安全衛生の確保、快適な職場環境形成」があるか否かがカギを握っています。

紹介した教育委員会は、教職員の安全衛生を教育施策の中に位置付けており、その取り組みは多方面から注目されています。

（4）　教職員安全衛生管理規程（以下「規程」）の策定

安全衛生の事業を進めるうえで事業の目的・組織・活動内容等について定める規程が必要となります。

労安法をベースに、教育委員会と教職員が十分協議して策定していきます。労安法は、労働環境の変化に伴い数年に一度改正されていますので、その動向を把握し、迅速に改正し取り組む必要があります。

私は現職の時に、教職員安全衛生管理規程策定の作業にかかわりましたが、よりよい規程をつくるために策定検討委員の皆さんとともに全国の先進的な規程等を集約・研究し約4年近い年月をかけて制定に尽力しました。

今日、十分参考になる管理規程です。これから規程を策定するところは、ぜひ参考にしていただきたいと思います。

| お役立ち情報 | 問い合わせ先：川口市教育委員会学務課教職員係 |

（5）安全衛生管理体制の整備
①衛生委員会の設置

　労安法第 18 条で労働者が 50 人以上職場（学校）では衛生委員会の設置義務があります。50 人未満の設置義務のない学校には「関係労働者の意見をきくため安全又は衛生の委員会の設置、職場懇談会の開催の措置を講じなければならない」（労安規則第 23 条の 2）との規定があります。

　50 人未満の学校が大半ですが、厳しい労働環境を改善するためには衛生委員会の設置と活動が不可欠となっています。全国的にも，50 人未満の職場でも衛生委員会を設置する教育委員会が増えてきています。

　学校における安全衛生管理体制の整備について文科省は 2019 年 3 月に 2 回の通知を発出して労働安全衛生管理体制の整備を求めています。一部紹介します。

2019 年 3 月 18 日通知　「学校における働き方改革に関する取り組みの徹底について」
　1 の（3）労働安全衛生管理の徹底
　「法令上の義務が課されていない学校においても、学校の設置者は可能な限り労働安全衛生体制の充実に努めることとされており、各教育委員会は適切な措置を行うこと」
2019 年 3 月 29 日通知　「学校における一層の労働安全衛生管理の充実等について」
　2　「答申において、法令上の義務が課されていない学校において、学校の設置者は可能な限り義務が課されている学校に準じて労働安全衛生管理体制の充実に努めるべきであるとされたことを踏まえ、各教育委員会において適切に取り組まれたい」

　労安法上は50人未満職場での安全衛生委員会等の設置義務の規定はありませんが、2度の通知で「義務が課されている学校に準じて労働安全衛生管理体制の充実に努めるべき」としているのは義務ではないが安全衛生管理体制の整備の必要性があるということを強調し、実施を求めていると理解する必要があります。

　学校における働き方改革、長時間労働の是正・改善を推進するためには安全衛生管理体制を整えて取り組みを行なわなければ一歩も進まないという認識・危機感が背景にあると考えます。

　教育委員会単位では所管する学校の安全衛生に関する取り組みを総括的に担当する衛生委員会の設置が必要です。県や市町村単位の衛生委員会を設置し活動することで、域内の学校の労安活動を計画的・継続的に促進することができるからです。

　委員は使用者側選任委員と労働者側選任委員、産業医、総括安全衛生管理者（教育長又は、教育部長当）で構成します。

　開催は月1回とすること、議事の内容は11の事項について審議することになっています。

　特に、今日、過重労働対策、メンタルヘルス対策は重要な審議事項です。また、ストレスチェックの実施に関することも衛生委員会の審議事項となっています。

②安全衛生担当者、産業医の選任と専門性の確保

あ）衛生管理者・衛生推進者の選任

　職場の安全衛生を担うキーパーソンである衛生管理者（50人以上職場）、衛生推進者（50人未満職場）、産業医（50人以上職場）の選任を行います。衛生管理者は保健・体育の免許か養護教諭資格を取得していれば衛生管理者として選任できます。安全・衛生の職務を遂行するうえで労基法、労安法、労働生理、労働衛生、安全衛生教育等などの知見が必須となります。

　そこで、安全衛生担当者を対象とする専門研修会に衛生管理者を公費派遣して能力向上のための教育を受講していただくことが大切です。教職員の安全衛生を担う仕事は幅広く、専門的な知見を必要とします。

安全衛生の専門職として位置づけ、学校内の任務はこの仕事に専念していただくくらいの配慮が求められます。

　兼任の場合は他の職務の軽減措置は欠かせません。

　衛生推進者は教職員が 10 人以上 50 人未満の職場で選任します。現状として多くは養護教諭か教頭職が衛生推進者を務めています。衛生推進者も衛生管理者と行う職務はほぼ同じです。ですからやはり専門性が求められます。

　各都道府県では、都道府県労働局長の認可をもつ安全衛生の専門機関が衛生推進者の専門性の確保、能力の向上を目的とする「衛生推進者資格取得講習会」を開催していますので、公費派遣で専門性の確保に努めることが重要です。

　学校に衛生委員会がありながら、機能していないという話を聞くことが少なからずあります。原因はいろいろあると思いますが、大きな理由の一つが「衛生推進者として何をするのかよくわからない」ということです。実際、このような悩みや相談を受けることがたびたびあります。

　安全衛生の担当者が怠慢なのではなく、職務遂行に必要な教育を受けていないことが「機能しない衛生委員会」の原因です。「教育なくして取り組みなし」です。

　「名ばかり衛生推進者」としないよう能力向上の教育を行いましょう。

　また、多くの教育委員会では教頭職を衛生推進者として選任しています。残念ながら教頭職が衛生推進者を担っているところは安全衛生活動が十分機能していません。

　決して教頭が怠慢なのではありません。教頭は多くの仕事を担い、最大の長時間労働にあり、過労死の危険を抱えながら職務に励んでおられます。衛生推進者の職務まで遂行することは無理、困難だと考えます。実際「そこまで手が回らない」という声を教頭職の方々から幾度も耳にしています。

　膨大な仕事を抱えている教頭職を衛生推進者に選任すること自体が問題なのです。

　教頭には管理職としての職務に専念していただき、他の教職員から選任

することが大事です。

　このことについて、安全衛生管理規程に明記するか、教育委員会から各学校に指導、要請する必要があります。

い）　産業医の配置

　産業医の配置は、労働者が50人以上の職場に1人の配置が法的に義務付けられています。

　今日、50人未満の教職員の学校が大半で、産業医活動に接する機会がほとんど教職員にありません。

　そこで、教育委員会単位では、できれば100人に1人程度の選任が求められます。仮に域内の教職員が500人の場合5人程度の産業医の選任を行うことが求められます。1人の産業医が域内の学校を2校から3校程度担当すれば全教職員が産業医の専門的面談や指導を受けることが可能となります。但し、義務ではありません。

　2019年3月29日、文科省は産業医の配置について下記のように通知をしています。

2　答申において、法令上の義務が課されていない学校においても、学校の設置者は可能な限り義務が課されている学校に準じて労働安全衛生管理体制の充実に努めるべきであるとされたことを踏まえ、各教育委員会において適切に取り組まれたい。

　その際、今般の労働安全衛生法の改正により、長時間労働やメンタルヘルス不調により、健康リスクが高い労働者を見逃さないため、産業医・産業保健機能の強化が図られたことを踏まえ、産業医の選任義務が無い規模の学校においても、教師の健康管理を担当する医師を置いている場合は、医師等が産業医学の専門的立場から効果的な活動を行いやすい環境を整備する。

　そうした医師をおいていない場合、教育委員会として産業医資格を持つ医師を選任し教職員の健康管理を行わせる。また、学校医や管理職が教師の健康上の懸念点を発見した際には、専門医との連携がとれる環境を整える。

通知にあるように、今日、産業医の果たす役割がますます大きくなっています。長時間勤務者やストレスチェック後の面接指導等、産業医の果たす役割は極めて大切です。

　産業医の資格を取得するためには医師であることに加えて、労働者の健康管理等を行うのに必要な医学に関する知識について、厚生労働省令で定める要件を備える者でなければならないとされ、細かい研修条件が課されています。

　過労死の予防や、メンタルヘルス対策に関する専門的な知見が産業医には求められているからです。労働環境が激変する中、資格取得の後も産業医の方々は適切かつ迅速に対応できる医学的知見、能力を発揮できるよう地域産業保健センター等主催の専門研修会に自主的、積極的に参加され、能力向上の研鑽に努めておられます。私も専門研修会で、産業医の方々との意見交換やグループワークに参加しますが、専門的知見の深さ・広さから産業医活動の意義、大切さを強く感じています。

　域内の教職員を対象とする産業医の配置が、教職員の安全と健康を確保するために不可欠となっています。

（6）教育委員会内に安全衛生担当課の設置又は担当者（複数）の配置

　学校の働き方改革の推進、勤務時間把握と改善対策、安全衛生対策等を担う担当者の配置が不可欠となっています。労安法にもとづく施策は片手間で行うことはできません。できれば教職員の安全・衛生を専門的に担当する課があるとよいのですが、人的・財政上厳しい場合は、既存の部署に複数の安全衛生の担当者の配置が求められます。

　なお、安全衛生の担当者には衛生管理者資格（国家資格）の取得を義務づけることが職務をもれなく円滑に遂行するうえで重要です。労働安全衛生の職務を遂行するうえで、労基法、労安法、労働契約法等の労働関連法、労働衛生、労働生理等の医学的知見が必須となります。

　所管する域内教職員のための安全衛生を担うには、労働関連法令や労働衛生等の専門的な知見が必要であり、それなしには責任ある安全衛生の仕

事の遂行は難しいのです。

（7）管理職、衛生管理者等対象の研修会の開催

　労安法では管理職と衛生担当者に対して計画的、継続的に安全衛生に関する研修会を実施することを定めています。（労安法第59条・60条）

　教育現場は多くの取り組み課題があり、能力向上教育は必須となっています。安全衛生教育の詳しい説明は、第3章で触れていますので参考にしてください。

（8）専門のメンタルヘルスカウンセラーの配置

　長時間労働、仕事量の増大、教育課題の多様化、保護者対応等で教職員の負担はかつてないほど増えており、メンタル不調に陥る教職員が年々増加しています。教職員がメンタル不調に陥り万事休すとなっても、学校にも教育委員会にも適切に対応できるメンタルヘルスの専門家がいません。理想的には各学校に一人、教職員専門のメンタルヘルスカウンセラーの配置が欲しいところですが予算上難しいのが現状です。

　埼玉県川口市教育委員会は、約3000人の教職員を対象に教職員専門のメンタルヘルスカウンセラーを2人配置して心の健康を確保する対策を行なっています。24時間体制で、いつでも直接教職員メンタルヘルスカウンセラーに相談することのできる体制ができています。

　教職員メンタルヘルスカウンセラーの方は、毎日学校を巡回してメンタル不調者がいないか、心配の方はいないか等大変丁寧な対応をされています。配置されて10年余が経過しています。おかげで、専門職による迅速な対応によって精神疾患休職者が減少し、数億円の費用対効果が出ています。

　※教職員の休職に係る人件費は1人当たり約800万円かかります。10人で8000万円、30人だと2億4000万円必要となりますが、カウンセラーの配置で30人から40人程度の休職が減少し、カウンセラー配置による費用対効果が実証されています。

（9）「働き方改革各課連絡調整会議」（仮称）の設置

　教育委員会によって多少の違いはありますが教育内容・指導に関することは指導課、人事・服務等に関することは学務課、衛生・保健等に関することは保健課が担当するなどで教育行政は進められています。

　ある課は諸業務の精選・厳選に取り組む、隣の課は新たな仕事や課題を必要だからとどんどん増やす、このような現象が実際多くあります。「マッチポンプ」と言いますが、これでは何も変わりません。

　縦割り行政の弊害で、同様の内容の調査や廃止しても支障のない調査を慣例的に学校に行い、学校の業務が過重となっていることがあります。

　「働き方改革」をテーマに各課が集い横断的な連絡・調整のための会議を設定することが求められています。

　働き方改革を実効あるものにするために「働き方改革各課連絡調整会議」（仮称）の設置は不可欠です。

　そして、PDCA のサイクルで継続的に成果の検証を行うことが大切です。

　PDCA の他に、今日 OODA（ウーダ）による改善手法に注目が集まっています。

　OODA は、観察する（Observe）、状況理解を行い方向性を判断する（Orient）、きめる（Decide）、最後に実行する（Act）という流れで迅速に着実に改善を促進する手法です。

　働き方改革が喫緊の課題となっており、教育現場も OODA による改善・改革が求められています。

（10）「学校の働き方改革検討委員会」の設置と活動

　各学校が働き方改革に取り組むにあたって、教育委員会が基本方針と具体的対策についてガイドラインを提起することが重要です。教育委員会のガイドラインをもとに、域内の全ての学校が方向性をもって主体的に取り組むことができます。

　ここでの「学校の働き方改革検討委員会」設置の留意点をいくつかあげます。

あ）目的：域内全ての学校で行う働き方改革のための目的・基本方針・具体策を検討し提示する

い）構成：教育委員会、管理職代表（校長代表、教頭代表）、教職員代表（教諭、事務職、養護教諭等）

う）会議の開催：原則月1回

え）その他：実態調査やアンケートの実施、中間報告と意見集約、ニュースの発行、報告書の作成、職場掲示物の作成・配布、働き方改革好事例集の発行　等

このような検討委員会は、報告書の発行で活動の終了を迎えることが多い傾向がありますが、報告書の発行は取り組みのスタートです。ガイドラインにもとづいて、各学校でどのような対策が行われているか取り組み状況を調査・集約し、成果と課題を検討委員会として把握します。参考となる良好事例が調査で明らかになった時は、「働き方改革参考事例集」などを発行し報告会を開催するなどして取り組みの普及に努めます。

また、「働き方改革PDCA報告書」を各学校にお願いして継続的に取り組むことが重要です。なお、このような検討委員会は、安全衛生委員会の特設委員会として設置することも可能です。

教育委員会と域内の学校が業務改善に連携して取り組み、成果を上げている例を紹介します。

埼玉県伊奈町教育委員会は2017年から「学校現場における業務改善加速事業」の取り組みを進めています。町教育委員会として、学校・教職員の現状と課題を明らかにし、改善目標を立て、業務改善の方針を立てています。その主な内容は①勤務実態の把握、時間管理の徹底②事務事業の負担軽減③部活動における負担軽減④教職員の意識改革と学校マネジメント強化のための研修です。

業務改善方針を具体化し、改善をすすめる為に各学校に「カエル会議」（業務改善推進委員会）が設置され活動を始めました。「カエル会議」では学校の課題について「やめる」「減らす」「変える」「委ねる」を視点に解決策を話し合い、できることから実行しました。

「教育委員会に意見を出し改善したこと」として、

＊電子化（指導要録・出席簿等）＊学校閉庁日の設定＊文書量・調査量の
　削減＊教育支援員の業務内容の追加等
　多くの改善が図られました。
　さらに、「学校内で改善したこと」として、
＊退勤目標時刻の表示（16：45）＊会議時間の短縮：行事の精選＊公開
　日の縮小＊学校応援団の活用（安全補助等）等
　全部で 19 の業務の改善が実現しました。
　学校が業務改善に本気で取り組むうえで、教育委員会の決意・リーダー
シップ・両者の情報共有、密な連携が欠かせません。トップダウンでなく
ボトムアップで取り組みを進めたことも多くの成果を得た要因です。
　伊奈町の取り組みは大変参考になる取り組みです。
　学校任せにせず、教育委員会と学校が一体となって行うことが重要であ
ることを示唆しています。

（11）ストレスチェックの実施と集団分析の活用
①ストレスチェックの実施と集団分析結果の活用
　ストレスチェックを実施する教育委員会が増えています。50 人未満の
職場は努力義務なのですが全ての学校を対象に実施することは歓迎すべき
ことです。
　2019 年（令和元年）3 月 29 日の文科省通知ではストレスチェックに
ついて下記のように求めています。

> 2　また、学校医や管理職が教師の健康上の懸念点を発見した際には、
> 　専門医との連携がとれる環境を整える。
> 　　さらに、ストレスチェックの実施についても、制度の趣旨を踏まえ、
> 　その結果に基づく面接指導の実施や結果の集団毎の集計・分析及び
> 　その結果を踏まえた必要な措置を含め、全ての学校で適切に実施さ
> 　れるよう取り組む。

ストレスチェックは職場の環境改善と労働者の心の健康診断を行い心の

健康確保を目的としているのですが、現状ではうまく職場で活用されているかというと疑問符が付きます。

　ストレスチェックで職場の集団分析（ストレス判定図）が行われます。仕事の量的負担、仕事の裁量度と職場の支援度が数値的に明らかになります。ストレス判定図をもとに、職場のよい点と改善点をみんなで分析し取り組みを行えば職場環境は徐々に改善されるのですが、多くの職場では「ストレス判定図」が有効に活用されていません。

　ストレス判定図を有効活用し、職場の環境改善を図っている例を紹介します。

　沖縄県宜野湾市教育委員会（小学校9校、中学校4校）は、2012年（平成24年）からストレスチェックを実施しています。13校を統括する市の衛生委員会では、各学校のストレス判定図（集団分析）を、学校名を伏せて俎上に載せ、ストレス判定図の結果について集団分析・協議をしています。

　ストレス判定図は、仕事の量・コントロール判定図と職場の支援判定図が数値で表されています。衛生委員会ではストレス判定図をもとに、職場の課題や職場環境改善のための取り組みについて協議をします。

　この結果、どの学校も職場環境が改善されています。

　「職場環境改善校」調査によると、「改善した」が2012年は6校でしたが2015年には10校に増えています。

　「事業の成果」として「特に管理職において上司の支援、職場環境改善、職員の健康に対しての意識の向上が見らようになった」「学校単位での集団分析、研修等、組織にアプローチすることで、組織の力を活かした職場づくりを意識することができるようになってきた」などのまとめがされています。

　よい制度であっても有効な活用をしなければ、それこそ税金の無駄遣いになってしまいます。勿体ない話です。

②ストレスプロフィールを活用してセルフケア

　ストレスチェック後、各個人にストレスプロフィールが送られてきます。

この内容は個人情報なので管理職も見ることはできません。各個人が57の項目をチェックした結果、「仕事のストレス要因」「心身のストレス要因」「周囲のサポート・満足度」がレーダーチャートで表されます。ストレスの現状と要因、ストレスを受けやすい部分等が分かります。

　セルフケアに活かすのに大変参考になる資料です。

　各個人にストレスプロフィールが配布された段階で、「セルフケアに活かす」研修会を開催することで、この制度の有効性を発揮することができます。教育委員会として管理職と各学校に推奨していただきたいと思います。

　高ストレスの判定が出ると面接指導を受けることができます。一般的には受検者の約1割程度が高ストレスに該当しているとのことです。面接指導を希望する人はきわめて少数のようです。

　高ストレスと判定された方は、57項目のストレスチェックで比較的多い項目で該当しており、ストレスの蓄積が高い方です。早期に専門家と面談することで重症化を防ぐことができます。抵抗なく医師面談、健康相談等ができる方法を厚労省の「ストレスチェック実施マニュアル」で明示していますので、周知していただきたいと思います。メンタルヘルスの保持にとって早めの対応が重要です。

③ストレスチェックで職場の環境改善と心の健康確保

　職場環境とストレスの関連について触れます。

　職場の支援度が低く、仕事の量的負担が高く、裁量度が低いと職場のストレス度は高くなります。この結果、働く者のストレスは高くなります。

　逆に、職場の支援度が高く、仕事の量的負担が低く、裁量度が高いと職場のストレス度は低くなります。この結果、働く者のストレスは低くなります。

　ストレスチェックの集団分析結果（「ストレス判定図」）は4つの角度から職場の健康診断結果が可視化されています。「ストレス判定図」を有効に活用して職場の環境改善が図られれば、職場のストレス要因は低減し働く者のストレスも次第に低くなっていきます。

　その結果、高ストレス者が徐々に減少して行くことが期待されます。

この制度を有効に活用することで、職場の環境改善と働く者の心の健康確保を図っていただきたいと思います。

（12）学校でも勤務間インターバルの実施

勤務間インターバルというのは勤務の終わりから次の勤務開始までに一定時間休息時間をとらなければならないという制度です。EU 諸国では EU 指令としてこの制度が導入され、ギリシャ、スペインは 12 時間、ドイツ、フランスは 11 時間の休息時間を設けています。

インターバルが 12 時間の場合、仮に午後 7 時に退勤したら翌朝の出勤時刻は午前 7 時以降となります。

なお、勤務間インターバルを 11 時間とした場合、専門家の調査によると「確保できる睡眠時間は 5 時間程度」とのことです。睡眠時間が 5 時間ということは、残業は月 100 時間となります。これは国が定める過労死ラインに相当します。

教職員の健康確保、過労死予防のために勤務間インターバルの導入を検討し、勤務時間縮減に活かすことが大切です。

文科省も働き方改革通知「公立学校の教師の勤務時間の上限に関するガイドライン」（2019 年 1 月 25 日）　でインターバル制度の導入について

> 5　留意事項
> （3）教育委員会は、休憩時間や休日の確保等労働法制を遵守する。退庁から登庁までの一定時間を確保する。

と言及しています。

勤務間インターバル制度は過労死予防、ワーク・ライフ・バランスにとって必要な取り組みです。

働き方改革のうごきの中で、教育委員会として、学校でのこの制度の導入について具体的な検討をしていただきたいと思います。

2　学校管理職の役割

（1）　学校管理職は学校の労安施策の総括責任者です

　学校管理職は事業場である学校のトップとなりますので、教職員の安全と健康確保、快適な職場環境の形成、危険・事故防止に努める責務があります。学校長は教職員の安全と衛生に直接の責任を負うことになります。その責任を履行するうえで管理職（校長、教頭、副校長）の安全衛生理解と取り組みが重要となります。

（2）　学校管理職には教職員への安全配慮義務、職場環境配慮義務の責務があります

　管理職には安全配慮義務と職場環境配慮義務の大切な二つの義務が労働契約法で課せられています。

　一つは安全配慮義務です。労働契約法第5条には「発生する危険から労働者の生命や身体の安全、心身の健康を守る義務がある」とされています。教職員の長時間労働に対して対策を講じない、職場でのハラスメントを放置するなどは、安全配慮義務を怠るものでその責任が問われることがあります。

　二つ目は、職場環境配慮義務です。これは教職員が快適に働ける職場環境を保つ義務を指します。今日、教育現場は多忙化により相互の関係が希薄になったり、コミュニケーションの不足等で人間関係がギスギスしがちになっています。働きやすい職場環境として良好な人間関係は大切な条件です。

　快適に働ける条件に反する行為として職場でのいじめがあります。職場におけるいじめは働きやすい職場環境を壊す最悪の事象です。管理職はいじめの防止対策はもちろんのこと、常日ごろから良好な職場の雰囲気、人間関係に細かい注意を払い、働きやすい職場環境をつくる責任があります。

（3）　学校長の責務は何か

①学校長方針の表明、PDCA での持続的改善対策

　年度当初の職員会議で学校長は、学校運営方針の柱の一つとして「教職

員の安全と健康、快適な職場環境の形成に努める」ことを表明する必要があります。

　児童・生徒たちへのよりよい教育を実現するうえで、教職員の安全と健康は欠かせません。この立場で教職員の安全と健康確保についての学校長方針の表明は大切な意義を有するものです。

　教職員が心身とも疲弊していては、よりよい教育を保障することは叶いません。

　今、学校では働き方改革が切実な取り組み課題として対策が求められています。働き方改革を具体化するうえで、方針表明とPDCAサイクルの取り組み、OODA（ウーダ）による改善の取り組みは不可欠となっています。

②学校の安全衛生管理体制の整備

　文科省から、働き方の具体化を求める通知が各学校に出されていますが、安全衛生活動は働きやすい職場環境づくりや勤務労働条件等総合的な取り組みを目指すものです。ですから以下の取り組みを行うことで働き方改革をもれなく具体的に進めることができます。

　2019年3月18日の文科省通知では学校における働き方改革、労働安全衛生の取り組みについて下記のことを求めています。

（3）労働安全衛生管理の徹底

①労働安全衛生法で義務づけられている労働安全衛生管理体制の未整備は法令違反であり、学校の設置者は体制の整備を行う責務がある。

　法令上の義務が課されていない学校においても、学校の設置者は可能な限り労働安全衛生体制の充実に努めることとされており、各教育委員会は適正な措置を行うこと。

②学校の規模にかかわらず、ストレスチェックを全ての学校において適切に実施されるよう取組み、メンタル不調の未然防止に努めること。

　今後、文科省が全ての学校でストレスチェックが実施されるよう教育委員会の実態を調査し、市町村毎にその実施状況を公表する

③学校の労働安全衛生管理の充実にあたっては、労働安全衛生管理の充実に係る施策例、電話相談窓口等に関する資料と合わせて別途通知を発出する予定である。

あ）衛生委員会の設置

50人以上の学校では14日以内に衛生委員会の設置が義務付けられています。50人未満の学校でも、「安全衛生に関して教職員の意見を聞かねばならない」（労安規則23の2）となっています。50人未満の学校が多いですが、衛生委員会を設置して働き方改革を進めることが大切です。この委員会が働き方改革を推進するチームとなります。

前記2019年3月18日の通知でも「法令上の義務が課されていない学校においても、学校の設置者は可能な限り労働安全衛生体制の充実に努めることとされており、各教育委員会は適正な措置を行うこと。」とされています。

い）衛生委員の選任

学校の衛生委員会は、学校長、教頭、衛生管理者または衛生推進者、各学年代表等で構成します。

衛生管理者又は衛生推進者は専門的な知識と経験が求められますので、講習会に参加して必要な知見を習得することが必要です。保健体育の免許保有者や養護教諭は担当者となる資格はありますが、安全・衛生や法令等について学ぶことで労安活動全般について見通しをもって取り組むことができるようになります。

学校の安全衛生活動が形骸化せず、機能するようになるかは、安全衛生のキーパーソンである衛生管理者又は衛生推進者の役割が重要です。

衛生推進者に教頭職が就いている場合が少なからずありますが、教頭に衛生推進者を当てることは労安法の趣旨から、また、教頭の過重労働予防のために避ける必要があります。

う）衛生委員会の定期的開催

労安法の規定では衛生委員会は月一回開催することが求められています。

基本的には6つの活動、取り組みが必要になるので月一回の開催は欠か

せません。月一回の定期開催を実行するためには、年度当初に年間計画に位置付けることが大切です。

「学校は多忙なので毎月一回開催は無理」という話を聞くことがありますが、教職員の安全・健康、快適職場形成が二の次ということでは教育効果を高めることは困難です。「ただでさえ多忙なのに、さらに会議が増えると負担になる」という話もよく聞きます。

（資料17）

衛生委員会の記録
1年間で12回の委員会を開催しました。

第1回	4月28日（金）	①衛生委員会の意義、法的な位置づけ等を確認した。 ②委員の役割分担を決定し、当面の課題について意見交換した。
第2回	6月 2日（金）	①今年度の活動の重点や年間活動計画を論議、決定した。 ②ライトダウンの実施について計画した。
第3回	6月30日（金）	①「衛生・安全に関する職場アンケート」の実施に向けて協議した。
第4回	7月21日（金）	①7月に実施した職場アンケートの提出状況等の報告を受けた。 ②その中で、緊急性の高い内容について論議した。
第5回	8月17日（木）	①産業医を中心に、主に職員室、準備室を巡視した。
第6回	9月29日（金）	①アンケートの「職場でけがをする恐れや危険を感じる箇所など」の項目について、対策等を論議した。
第7回	10月24日（火）	①職場アンケートの時間外勤務等調査結果に基づき論議した。 ②出退勤時刻記録システムの導入についての説明 ③ストレスチェックについての説明
第8回	11月24日（金）	①アンケートの「超勤縮減に関するアイデア」について論議した。 ②ストレスチェックの回答率、健康診断結果の報告
第9回	12月15日（金）	①今年度の病休取得状況についての報告 ②衛生委員会主催の職員研修会について論議した。
第10回	1月19日（金）	①衛生委員会主催の職員研修会について決定した。
第11回	2月23日（金）	①ストレスチェックの実施結果について報告があり、論議した。 ②超勤縮減についての企画情報部の論議の報告を聞き、論議した。
第12回	3月15日（木）	①今年度の重点5項目を中心に年間活動の総括を行った。 ②超勤縮減についての各部の論議の報告を聞いた。

職場アンケートの実施　7／6〜7／14

1　提出状況・・・提出者数41名（昨年度32名）
2　取り組み方針・・・緊急性の高い事項から取り組み、後は順次内容に沿って論議していった。

職場巡視
8月17日（木）職員室中心（産業医参加）、危険箇所も。

職場健診
4月28日（金）　胸部エックス線健診（46名受診）
9月20日（水）　健康診断（47名受診）26名は人間ドックを受診
ストレスチェック　（10／31〜11／12）

職場論議
年度末の各分掌や教科の会議において、総括と合わせて超過勤務縮減のための論議をしていただくよう呼びかけた。現在集約中であり、次年度の論議に活かしていく予定である。

出典　ある高校の衛生委員会ニュースより

安全衛生活動は、過重労働対策・負担軽減が重要な取り組み課題です。忙しさを理由に負担軽減の対策を怠れば業務量は減らず、多忙化は一向に改善しません。

　忙しいからこそ多忙化改善のための会議を行い、対策を行う。このことによって多忙化の改善、働き方改革が進んでいくのです。

　ある学校の衛生委員会活動について紹介します。（資料17）

　この学校では、年度当初に衛生委員会の年間計画を立て、毎月衛生委員会を開催し、労安活動を計画的、継続的に行っています。職場の実態を踏まえ、活動の重点を定め、教職員の意見をアンケートや「集い」を開いてボトムアップで行っている点など教訓的です。

　衛生委員会が取り組むことについて説明します。

え）具体的取り組み

　a) 作業管理（勤務労働条件の改善の取り組み）

　　勤務時間把握、休憩時間の確保、時間外労働縮減対策等

　b) 作業環境管理

　　ハード面：休憩室の設置、事務所衛生基準に基づく職場環境チェック

　　ソフト面：良好な人間関係作り、茶話会の実施、職員レクの実施等

　　＊事務所衛生基準規則で職場の気積・換気・湿度・照度・休憩設備
　　　等について守るべき基準を示している

　c) 健康管理

　　健診結果の活用、産業医の講話、長時間勤務者の面接指導等

　d) 安全衛生教育

　　セルフケア、メンタルヘルス研修会、公務災害防止研修等

　e) 公務災害防止等

　　職場巡視、ヒヤリハット対策、リスクアセスメント等

　f) ストレスチェックの活用

　　職場分析の重要な資料、衛生委員会で分析を行い職場改善に生かす

　g) 教職員アンケートの実施

　　勤務実態調査、施設・設備改善要望、職場環境アンケート等

h) 安全衛生ニュースの発行

　衛生委員会の開催報告、安全衛生研修報告、アンケート報告等

i) PDCA サイクルでの安全衛生活動

　年度当初の安全衛生活動計画と活動実績の評価と改善を行う

j) モラルハラスメント防止の取り組み

　管理職による、または教職員間でのパワハラ等のハラスメントが起き
ています。教育現場にあってはならないことですが、発生事例は少な
くありません。モラルハラスメント防止のために、管理職の気づき、
迅速・丁寧な対応、「ハラスメント防止研修会」等を開催し「ハラス
メントをしない、させない、許さない」共通理解を形成することが重
要です。

　文科省は学校の働き方改革を推進するために、学校長向けに「やさしい
勤務時間管理講座」を3回に分けて HP で発信しています。とても分かり
やすく便利なテキストとなっています。ぜひ、一度ご覧いただきたいと思
います。

お役立ち情報　検索 (You Tube)　文部科学省 /mextchnnel　働き方改革

「公立学校の校長先生のための　やさしい勤務時間管理講座」

第1回　公立学校の教師の勤務時間管理の基本

第2回　公立学校の教師の時間外勤務

第3回　上限ガイドラインと変形労働時間制

（4）　学校でも勤務間インターバルの実施

　文科省通知の「公立学校の教師の勤務時間の上限に関するガイドライン」
でも、学校での勤務間インターバルの導入について検討を求めていること
は先に触れたとおりです。

　各教育委員会単位でこの制度の導入について検討し、各学校で実施する
ことができれば働き方改革を一歩進めることができます。

　学校閉庁日や留守番電話の実施等、難しいと思われていたことが働き方
改革として今日実現しています。

勤務間インターバルは予算措置を必要とせず、その気になればできる取り組みです。

教職員の健康確保、ワーク・ライフ・バランスの実現のために導入の検討を進めていただきたいと思います。

（5）年次有給休暇の取得促進と休憩時間の保障

年次有給休暇の取得は、調査の結果（2019 年文科省）を見ると小学校教員で平均 11.6 日、中学校教員で平均 8.8 日という結果となっています。なかには取得がゼロという方もいます。休暇取得率を少しでもあげていくことが労働意欲・健康維持・教育活動の向上のために大切です。

働き方改革の柱に、学校ぐるみでの「年休の計画取得の向上・促進」を掲げて取り組んでいただきたいと思います。

年次目標を設定することも大切です。「今年は年休の取得日数を平均 13 日にアップする。そのために、…」と目標達成のための具体的手立てを講じることがポイントとなります。

実際、年休の計画取得に取り組んで取得率を向上させている学校があります。

次に、休憩時間の確保についてです。

調査によると、休憩の取得時間は十数分という結果がでています。

労働時間が 6 時間を超える勤務に対しては少なくとも 45 分の休憩時間が労働者に与えられます。

休憩時間については休憩三原則（①途中付与②自由利用③一斉付与）があります。連続した労働を長く続けると、疲労が蓄積し、労働意欲が減退し、能率の低下が起こります。途中付与が原則に入っているのは連続労働による弊害を取り除くことを目的しているからです。健康の維持、労働衛生にかなった措置です。

学校の現状を見ると、休憩時間の分割が行われている学校が少なからずあり、45 分連続して付与されている学校は多くありません。

休憩時間の分割は、2 分割や 3 分割が行われています。2 分割は例えば、

「10分と35分」「20分と25分」などがあります。3分割は例えば、「20分」「15分」「10分」などに分割されています。

　休憩時間の分割を行っているのは「学校運営上の必要」からが主な理由としてあげられています。

　休憩時間は権利として労働から離れることを保障されている時間です。10分、15分、20分と分割して付与されても、細切れ過ぎて労働から離れる、自由に行動することは現実的には無理です。休憩時間の分割付与は、学校運営の上から便宜的、形式的に付与されているだけと言っても過言ではありません。休憩時間は、疲労回復、労働意欲の向上、能率の向上からして分割すべきではありません。45分連続して付与すべきものです。

　一斉付与を実施している学校では、多くの場合子どもたちが下校した後に設定しています。勤務の真ん中あたりで一斉の休憩時間を取得するには、人手が必要です。教育関係職員の増員は、すぐに実現することは難しいですが、今日、中教審答申にもありましたように学校に対し「アシスタント支援員」等の配置が進められています。

　欧米などでは、ランチタイムには専門の指導員が配置されて、教員は休憩時間の取得が保障されています。学校教育を支援する人を大幅に増員することで、無理と思われていたことも可能になります。学校から、教育行政に要望していく中で実現が図られていくのではないかと思います。

（6）ラインケアで職場環境の改善を
①ラインケアとは何か

　学校長・教頭（副校長）は教職員が心身ともに健康で働き続けられるよう、勤務労働条件等の改善のための施策を行う義務を負っています。安全配慮義務です。過労死ラインの労働実態が明らかになるなかで、管理職による職場環境改善の取り組みは喫緊の課題となっています。

　管理職のラインケアの内容は二つあります。
②二つのラインケア
ラインケア　その1　＜ストレスチェックの利用＞

あ）ストレスチェックで職場の環境改善

ストレスチェックの結果、「ストレス判定図」が学校長に通知されます。職場の良い点と問題点が「見える化」されており、組織におけるストレス要因を知ることができます。

ストレス判定図は「仕事のコントロール」「仕事の量的負担」「同僚の支援」「上司の支援」の４つの項目が数値化され、職場の「健康リスク」としてストレス度があらわされます。職場の健康診断と言えます。

ストレスが大となっている項目が職場改善で取り組む目標となります。全教職員で職場の課題に取り組むことで、職場の環境改善を図ることができます。

残念ながら、ストレス判定図が学校で有効に利用されている例が大変少ないのが現状となっています。「ストレス判定図」は職場環境改善のヒントとなるもので、学校長の方々には有効に活用していただきたいと思います。

い）教職員参加で職場環境改善

職場環境改善の進め方として３つの方法があります。

  a）衛生委員会主体型の職場改善

    衛生委員会でストレスチェック結果をもとに職場のストレス要因を評価し、対策を立て改善計画を実行します。

  b）管理職主体型の職場改善

    学校長がストレスチェック結果を参考に、衛生推進者の意見を取り入れながら改善計画を立てて実行します。改善計画の評価は衛生委員会が行います。

  C）教職員参加型の職場改善

    学校長が教職員と話し合いながら、職場環境の評価と改善計画を検討します。教職員参加型のワークショップなどを行い、改善計画を作成・実行します。この方式は「職場ドック」といわれ職場改善に効果を発揮し、公務職場で積極的に導入されています。

ラインケア　その２　＜「傾聴」と「気づき」＞

あ）教職員からの相談等への対応

ａ）話を聴く「傾聴」

　　今日、多くの教職員は大きなストレスを抱えながら、仕事に励んでいます。児童・生徒、保護者、管理職、同僚との人間関係、仕事等で悩んでいる事例が多々あります。そんなとき、話を親身になって聞いてもらえるだけで深い悩み、苦しみが和らぎます。

ｂ）傾聴の基本は２つ

◇相手を受け止める

◇相手の立場に立つ

　批判的態度を止め、「話を心から聴いてもらっている」と受け止めていただくことが大切です。傾聴のスキルは、学校長だけでなく、教職員間においても有効です。

　私は「傾聴のノウハウについて」学校研修会で教職員を対象に行うことがありますが、大変喜ばれています。教員の方からは「子どもの指導や保護者対応に役立てられる」と言う感想をいただくこともあります。

い）「いつもと違う」教職員への「気づき」

　教職員が心身の健康を維持し労働できるようにすることは学校長の職務でもあります。「いつもと違う」様子が見受けられるようになったら放置せずに早めに対応する必要があります。

　「欠勤・遅刻・泣き言・能率低下・ミス・辞めたい」このような言動がみられたら、まず、面談を行い傾聴、相談、アドバイス、専門医の受診をすすめる等、適切な対応が求められます。

　「傾聴」も「気づき」も教職員との良好な人間関係が築かれていないと成り立ちません。今、学校のマネジメント力が問われていますが、風通しのよい、良好な職場環境はその土壌となるものです。

（７）教職員の職場復帰・復職時の対応

　教職員が職場に復帰するにあたって管理職の役割は重要です。文科省の調査（「教職員のメンタルヘルス対策について」平成25年）によると、「精神疾患を再発する者は、回数を重ねるほど短期間に再発する可能性が高い」

と報告しています。

　休職から職場復帰する際に、十分な快復がないのに職場復帰を行い、再び休職に入る教職員が少なくないからです。メンタルの疾患は快復に至るまでに一定の時間、期間を要します。しかし、時間はかかりますが、しっかりと治療をすれば必ず快復する疾病でもあります。

　「教職員のメンタルヘルスのまとめ」（文科省）では職場復帰支援について、休職から復職にいたるプロセスについてわかりやすくまとめてあります。また、以下の内容について取り組むべきことが丁寧に説明されています。

（1）病気休暇の取得時点からの対応

（2）復職プログラムの実施前にける対応

（3）復職プログラムの実施中における対応

（4）復職プログラムの実施後における対応

（5）職場復帰後の対応　等

　5つのプロセスを経て治療が行われれば、再発することなく職場に復帰することが可能となります。「教職員のメンタルヘルスのまとめ」は大変参考になるものです。ご活用いただきたいと思います。

　おお役立ち情報　　　検索　文科省「教職員のメンタルヘルス対策について」
　　　　　　　　　　　　　　　　　（最終まとめ）平成 25 年 3 月 29 日

（8）　教職員が管理職に望むこと

　各地の研修会や学習会等で「学校の安全衛生活動」の講義・講演をした折、管理職の役割について参加者の方から質問や意見が出されます。管理職の方々に知っておいていただくと参考になると思われる意見等を紹介します。

＜1　働く意欲が出た、高まった管理職の言葉＞

＊学芸会で子どもたちが演技をした後、「頑張ったね」と子どもに声をかけてくれた時。

＊保護者対応で困難なとき、「丁寧に対応しているね」とまずほめら

れる。

＊授業観察後の面接で「○○の提示はよかった」「○○くんへの言葉
　がけがすばらしい」と言ってくれる。

＊疲れているとき「少し休んだら、早く帰った方がいいよ」と言っ
　てくれる。

＊自己申告の面接「生徒の健康のことだけでなく、学校全体のこと
　を考えて仕事をしてくれて有り難う」

＊休み時間など、雑談も含め生徒に声かけをしている。それを見て
　いるとほほえましく、やる気も出てくる。

＊朝や帰りなど「いつもご苦労様」「○○くんがとてもよくなったね」
　などと言ってくれる。

＜2　助かった、よかった、信頼感が高まった　管理職の具体的行動＞

＊お便りのチェックで副校長から付箋でいつも「ご苦労様」といっ
　てもらっている。

＊学芸会、運動会等で必要な機材をすぐに調達して下さったり、職
　員と一緒に働いてくれている。

＊教室を飛び出す子の対応。すぐに駆けつけていつも一緒に対応し
　てくれた。

＊仕事が手一杯の時　「手伝おうか」とよく言ってくれる。

＊トイレ改修工事の前に副校長がトイレ改修対策委員会を立ち上げ
　てくれ、学年代表、養護、主事さんで話し合うことができ区内で
　一番のトイレができた。

＊指導が大変な生徒・保護者の対応について、管理職が積極的に相
　談にのってくれる。校長から、すぐ教委や児相に電話で連絡して
　くれた。

＊勤務時間の調査を副校長がきちんとまとめ（市教委から指示され
　たわけでなく）校長とともに校務の改善を進んで検討している。

＜3　働く意欲が低下した、人格が否定された、つらい思いをした
管理職の言動＞

・「私と食事をするな、飲みに行くな」と副校長が３，４人の先生に指示をした。

・私の指導を私のいない職員室でほめるようなことをしゃべっていたら、先生２人を個別に呼び出し、私の指導を否定した。

・楽をしようとする先生が一人もいないのに、夕会で「楽をしようとせず、自発的に仕事をしろ」という。

・体面ばかりを気にしていて、児童の伸び伸びとした教育活動を認めず、画一化した指導、しつけの押しつけが細部にわたって指示されている。

・異動面接で保育事情を話したら、「それはわがままだ、人間としてどうかと思う」と言われた。

・異動が決まり新しい学校にあいさつに行ったとき「何であなたがこの学校に来るのかよく分からない、本当は別の教科の人をとりたかったのに」と言われショックを受けた。

・若手にターゲットを決め、まるで犯人扱いするようにみんなの前でどなる。

・ミスをして怒鳴られた時。書類にミスがあり、しかも、過去の過ちまで取り上げて怒鳴った。

＜４　教職員が気持ちよく働き、健康で働けるために管理職に望むこと＞

＊職員の意見を公平に聴いて、全員でできることを全体で確認して学校運営をして欲しい。

＊教職員（特に若手）を「指導」するのではなく、「育成」する意識を持って対応して欲しい。

＊常に先生方の健康のことを気にかけて欲しい。

＊教職員が一生懸命にやっていることに対し敬意を持つ人間性が管理職に必要である。

＊労働基準法など大切な法令を学んでほしい。

　教職員の皆さんは学校長のちょっとした評価、励ましの言動で意欲的に仕事に励んでおられます。教職員の皆様の意見・要望から管理職の役割の

一つが適切な評価であることがよくわかります。

　管理職の役割は言うまでもありませんが、一方で管理職の勤務時間は心配な状況があります。

　睡眠時間確保のための管理職の労働時間の管理（改正労安法66条で、管理監督者も対象となる）、セルフケアを忘れず、心身の健康を保っていただきたいと思います。

3　教職員の役割

　日夜、子どもたちの教育のために奮闘されている教職員の皆さんに敬意を表します。

　教育内容の増加・高度化、学校の多忙化、生徒指導上の諸問題、保護者対応等により教職員の心身の健康が脅かされている状況があります。過労死の危険、メンタル不調の増加等看過できない実態があり、改善のための対策が喫緊の課題となっています。

　教育という仕事は、子どもたちの人格形成、学力保障など専門性と創造性が求められ、それだけに仕事の遂行に大きなエネルギーが求められます。教職員の労働条件の改善・心身の健康確保と、よりよい教育の保障、どちらが大切でしょうか。どちらも大切であることは言うまでもありません。よりよい教育を行うためには、人間らしい労働の保障、心身の健康が確保されていないと実現できません。

　この章では、厳しい労働・教育環境の下で心身の健康を確保して仕事に励んでいただくために留意していただきたいことについて述べます。

　本稿では、教育の内容、教育活動については触れておりません。ご了解ください。

（1）　心身の健康確保のために労働関連法（労働基準法・労安法・労働契約法等）への理解を

　健康を維持して働くために、労基法等の基本について理解しておくことが必要です。ここでは、労基法の労働時間、休憩、休日等について説明し

ます。

労基法のポイント

＜労働時間＞

＊労働時間とは、労働者が使用者の指揮監督の下にある時間のこと
であり、拘束時間から休憩時間を除いたもの

＊労働時間には、現実に働いている時間のほか、使用者の指揮下に
あって待機している時間も含まれる

○法定労働時間（労基法第32条）　1週40時間　1日8時間

労働時間にあたるもの

：作業前の準備時間、義務付けられた研修等

○残業への上限規制（2019年1月25日文科省通知）

　　1か月45時間以内　1年360時間以内

＜休憩時間＞（同第34条、40条）

＊休憩時間とは、労働から離れることを保障された時間

＊休憩三原則　あ）自由利用　い）一斉付与　う）労働時間の途中
に付与

（違反したときは6か月以下の懲役または30万円以下の罰金）

＊労働時間が6時間を超える場合は少なくとも45分、8時間を超え
る場合は、少なくとも1時間の休憩時間を与えねばならない。

※休憩時間の確保は疲労の回復、次の労働への意欲向上の為に大
切です。休憩時間を細切れに分割して実質休憩ゼロ、出勤から退
勤まで働き詰めという働き方は、健康確保のために是正改善しな
ければなりません。

＜休日＞（同第35条）

休日は週1回以上与えなければならない。

休日とは、労働契約において労働義務がないとされている日のこ
とです。休日に運動会等の行事を行うときは、休日の振替として
他の労働日を休日にすることになります。

学校は現在週休2日制が施行されています。土日のどちらか1日

または半日学校で勤務する場合は、タイムカードに記録して労働時間としてカウントします。

（2）いのちと健康確保のために睡眠時間の確保
①労働時間を把握し残業を減らす

　健康を保持して働くために重要な要素は睡眠時間の確保です。適正な睡眠時間を確保することができるか否か、密接にかかわっているのが労働時間です。働く人の生活時間から、労働時間と睡眠時間の関係について各種調査結果をもとに説明します。

　働く人の生活時間について　（各種調査の結果）

　働く人の生活時間配分は大体下記の通りとなっています。

法定労働時間	8時間
拘束時間（昼休み）	1時間
通勤	1時間
食事、風呂、団欒、余暇	4時間

　合計すると14時間となり、一日24時間からの残り時間は10時間となります。残り時間10時間で、残業時間が2時間となると睡眠時間は8時間となります。残業時間、睡眠時間、月間残業時間、過労死発症リスクの関連をまとめました。

　下記の表をご覧ください。

残業時間	睡眠時間	月間残業時	脳・心臓疾患発症リスク
5時間	5時間	100時間	ありとの報告
4時間	6時間	80時間	ありとなしの報告
3時間	7時間	60時間	ありとなしの報告
2時間	8時間	45時間	なしの報告

　文科省の勤務実態調査の結果、教職員は平均一日約12時間の勤務をしていることが明らかになっています。一日4時間の残業で、月間残業時間は80時間となりますので過労死ラインに相当することになります。

　睡眠学の研究によると、「適正睡眠時間は7時間程度」（個人差はありま

す）とされています。専門機関の調査によっても、睡眠時間が減少すると過労死リスクが高まることが判明しています。

　健康な体を保持すること、過労死の危険を避けるためには睡眠時間を7時間程度は確保することが必要不可欠となっています。大切な睡眠時間を確保するためには労働時間をコントロールすることがどうしても必要となります。残業時間をいかに減らすかがポイントとなります。

　さらに、短時間睡眠はうつ病の発症リスクを高めることも明らかになっています。教職員の精神疾患発症率が65％を超え、高止まりという今日的状況はこのような背景があるのです。

　睡眠時間の確保と心身の健康保持が関連していることをご理解いただけたでしょうか。

　労基法の改正で時間外労働時間の上限は、原則として月45時間、年360時間となり特別の事情がなければ、これを超えることはできなくなります。2020年6月から学校・教職員も例外なく適用となりました。

　時間外・休日労働時間と健康障害のリスクとの関係について、調査研究の結果（厚労省）、次のことが明らかになっています。

> ＊時間外労働が45時間以内の場合は、健康障害のリスクは低い
> ＊時間外労働が月100時間又は2〜6か月平均で80時間を超える
> 　と健康障害のリスクは高い

　教員の労働実態は、健康障害のリスクが高いというレベルにあり、十分な注意が必要です。月の時間外労働が45時間の場合、1日にすると時間外労働は約2.2時間となります。一つの目安としてご留意いただきたいと思います。

②残業縮減のために学校と教職員の取り組みが求められている

　教育という仕事は人の成長にかかわる活動ですが、成長のためにとあれもこれもと始めると終わりがありません。教職員の多くの方々が自分の健康や生活を二の次にして奮闘されるのは、教育という仕事の特性が背景にあります。

　睡眠時間、生活時間の確保のために残業時間を減らすといっても、学校

ぐるみで業務縮減の取り組みを行わないかぎり個人の取り組みのみでは限界があります。

　学校の働き方改革が求められ、文科省から労働時間把握、時間外労働の上限規制、業務縮減を求める通知等が矢継ぎ早に教育委員会、学校に出されています。教職員の皆さんも通知等の内容を十分理解して、時間外労働縮減対策に管理職と他の教職員の方々と共に取り組んでいただきたいと思います。

　2019年（令和元年）1月29日の中教審答申、教職員の働き方に関するところを一部抜粋（要約）し紹介します。

　＊答申の全文（要約）は、本書資料1を参照してください。

はじめに

「子供のためであればどんな長時間勤務もよしとする」働き方は、その中で教師が疲弊しては子供のためにはならない。

・教師が日々の生活の質や教職人生を豊かにすることで、自らの人間性や創造性を高め、効果的な教育活動を行うことができる。

第1章　学校における働き方改革の目的

　1　我が国の学校教育と学校における働き方改革

・第一に、教師の働き方の実態を改善すること　「ブラック学校」といった印象。

　意欲と能力のある人材が教師を志さなくなり、学校教育の水準が低下することは子供たちにとっても我が国にとっても社会にとってもあってはならない。

　2　学校における働き方改革の目的

・教師の長時間勤務の要因について分析結果を踏まえ、学校及び教師の業務の範囲を明確にし、教師の専門性を生かし授業改善の時間や児童生徒に接する時間を確保できる勤務環境を整備することが必要。

・志ある教師の過労死が社会問題になっている。適切な勤務時間管理がなされず勤務の長時間化を止めることができず過労死に至った。

本人、遺族、家族にとって計り知れない苦痛、児童生徒、学校にとっても大きな損失。

・勤務時間管理の徹底、学校、教師の業務の明確化・適正化による勤務の縮減を図り、一日も早く改善しなければならない。

第2章　学校における働き方改革の実現に向けた方向性

1　勤務の長時間化の現状と要因

・働き方改革の具体的な施策の検討のために、勤務の長時間化の現状と要因の分析が必要。

・客観的な勤務時間把握がまだ少なく、実態を前提にした業務改善や健康管理ができにくい。

・勤務時間を意識した働き方が教師に浸透していない。

＜勤務時間に関する仕組みや意識について＞

・学校における労働安全衛生管理体制の整備や相談窓口等の積極的な活用への意識が十分でないため、自らの勤務時間や働き方を顧みることが乏しく、勤務の長時間化に歯止めがかからない。

2　検討の視点と基本的な方向性

・教師の長時間勤務については教師自身自らの働き方を見直していくことは必要だが、教師一人一人の取組や姿勢のみで解決できるものではない。

・学校における働き方改革は、文科省、給与負担者である都道府県、服務監督権者の市町村教委、校長等の管理職が権限と責任を果たすことが不可欠。

・特に、文科省には働き方改革に必要な制度改正や教職員定数の改善などの条件整備、地域や保護者、社会に対して教師の職務について明確なメッセージを出し、家庭や地域等社会全体の理解と支援を得ることが必要。

第3章　勤務時間管理の徹底と勤務時間・健康管理を意識した働き方の促進

2　勤務時間管理の徹底と勤務時間の上限に関するガイドライン

・業務改善をすすめていく基礎として勤務時間把握をすることは不可欠。
・教師の勤務時間を把握することで、働きすぎ教師について校務分掌の見直し、教職員間の業務の平準化、労働安全衛生法に基づく医師の面接指導の実施ができる。
　3　適正な勤務時間の設定
・登下校時刻の設定、部活動、学校の諸会議等、休憩時間の確保を含め時間設定を行うこと。
・やむを得ず業務を行ったときは勤務時間の割り振りを行う。
・教職員が年休等を取得できるよう一定期間の学校閉庁日の設定を行うべき
　4　労働安全衛生管理の必要性
（1）学校の労働安全衛生管理の現状と課題
・教師が心身の健康を維持して教育に携わることが重要。
・労働安全衛生の観点から必要な環境を整備することが必要。
・学校現場は労働安全衛生法が適用される。
・教師の過労死が社会問題に。適切な勤務時間管理ができず、過労死にいたる。
・勤務時間把握がないために公務災害認定に時間がかかる。このような事態は決してあってはならない。
　5　教職員一人一人の働き方に関する意識改革
・マネジメント能力を高めていくために、働き方に関する研修の充実を図り、学校の教職員の働き方を変えていく意識を強く持たせることが重要。
・教職員全体に対して勤務時間を意識した働き方を浸透させるために、必要な研修を実施する。
第6章　教師の勤務の在り方を踏まえた勤務時間制度の改革
・今般の働き方改革推進法(改正労安法)により勤務時間把握が使用者の義務として法令上明確化された。
・これまで「自発的勤務」として整理されてきた超勤4項目以外の業

務時間についても、在校時間として勤務時間管理の対象にすることが明確となった。

・健康確保、労働安全衛生管理の観点から、上限ガイドラインとともに教師の勤務時間を適切に把握・管理しなければならないことを学校現場で徹底することが必要。

　私は中教審の審議を時々傍聴しましたが、学校、教職員の働き方を改善するために、多方面から熱心な論議の積み重ねがありました。教育現場の実態を踏まえて必要な改善・改革案が中教審委員の方々から沢山出されていました。

　今回の答申には、約1年半近い協議がまとめられており、未だかつてない学校の働き方改革の方向性が示されています。

　中教審答申を受けて文科省は、答申内容を具体化するために教育委員会と各学校に対して通知を発出しています。教職員の働き方に関する通知を2つ、一部抜粋（要約）して紹介します。なお、全文（要約）は、本書資料2・資料3を参照してください。

公立学校の教師の勤務時間の上限に関するガイドライン（要約）

平成31年1月25日

・教師の長時間勤務の看過できない実態が明らかになっている。

・「超勤4項目」以外の業務について、教師が対応している時間が長時間化している実態が生じている。

・教師の業務負担の軽減を図り、日々の生活の質や教職人生を豊かにすることで、教師の人間性や創造性を高め、児童生徒に対して効果的な教育活動を持続的に行うことをできる状況を作り出す。これが「学校における働き方改革」の目指すところである。

・本ガイドラインは、実効性を高めるため「その根拠を法令上規定するなどの工夫を図り、学校現場で確実に遵守されるよう」取り組むことを踏まえ、さらに検討を続けていく。

2　本ガイドラインの対象者

・義務教育諸学校の教育職員を対象とする。

・事務職員、学校栄養職員等は「36協定」を締結する中で時間外労働の規制が適用される。

3　勤務時間の上限の目安時間

（1）本ガイドラインにおいて対象となる「勤務時間」の考え方

・「超勤4項目」以外の業務が長時間化している実態を踏まえ、こうした業務を行う時間も含めて「勤務時間」を適切に把握するために、今回のガイドラインにおいては、在校時間等、外形的に把握することができる時間を対象とする。

・具体的には、教師等が校内に在校している在校時間を対象とすることを基本とする。

・これに加えて校外での勤務についても、職務として行う研修への参加や、児童生徒等の引率等の職務に従事している時間については、時間外勤務命令に基づくもの以外も含めて外形的に把握し、対象として合算する。

（2）上限の目安時間

①1か月の時間外勤務が45時間を超えないようにすること。

②1年間の時間外勤務が360時間を超えないようにすること。

（3）特例的な扱い

・②また、1か月の時間外勤務が100時間未満であるとともに、連続する複数月(2か月、3か月、4か月、5か月、6か月)のそれぞれの期間について、1か月当たりの時間外勤務の平均が80時間を超えないこと。

4　実効性の担保

（1）本ガイドラインの実効性を担保するため、教育委員会は以下の取り組みを進める。

①教育委員会は、本ガイドラインを参考にしながら，所管内の公立学校の教師の勤務時間の上限に関する方針等を策定する。

5　留意事項

（1）関係者は、上限の目安時間まで教師等が在校したうえで勤務することを推奨する趣旨ではない。決して、学校や教師等に上限の目安時間の遵守を求めるのみであってはならない。

・在校時間は、ICTの活用やタイムカード等により客観的に計測し、校外の時間についても、本人の報告等を踏まえてできる限り客観的な方法により計測する。

（2）教育委員会は、休憩時間や休日の確保等労働法制を遵守する。

・教師等の健康及び福祉を確保するため、在校等時間が一定時間を超えた教師等への医師による面接指導や健康診断を実施する。

・退庁から登庁までの一定時間を確保する。

・学校における働き方改革の目的は、教師の働き方を見直し、日々の生活の質や教職人生を豊かにすることで、自らの人間性や創造性を高め、子供たちに対して効果的な教育活動を行うため。

学校における働き方改革に関する取り組みの徹底について（通知要約）

平成31年3月18日

1　勤務時間管理の徹底と勤務時間・健康管理を意識した働き方の推進

（1）勤務時間管理の徹底と勤務時間の上限に関するガイドラインに係る取組

・勤務時間管理に当たっては、教育委員会は自己申告方式ではなくタイムカードなどにより勤務時間を客観的に把握し、集計するシステムを直ちに構築するよう努めること。

（2）適正な勤務時間の設定

①・児童生徒の登下校時刻や、部活動、学校の諸会議等については、教職員が適正な時間に休憩時間を確保できるようにし、教職員の勤務時間を考慮した時間設定を行うこと。

・小中学校教師は平均45分早く出勤、一年での合計は150時間となり、所定の勤務時間を意識した登下校時刻の設定が急務であり、

適切に設定して保護者に周知すること。

・部活動については、スポーツ庁と文化庁が作成した総合的なガイドラインを踏まえた、適切な活動時間や休養日の設定を行うこと。

②「超勤4項目」以外の業務について、早朝や夜間等、通常の勤務時間以外の時間帯にやむを得ず命じざる得ない場合には、服務監督権者は、正規の勤務時間の割り振りを適正に行うなどの措置を徹底すること。

③教職員が確実に休日を確保できるよう、週休日の振替の期間を長期休業期間にかからしめる工夫、長期休業期間における一定期間の学校閉庁日の設定の工夫を行うこと。

（3）労働安全衛生管理の徹底

（4）研修・人事評価等を活用した教職員の意識改革及び学校評価

②・全ての教職員に勤務時間を意識した働き方を浸透させるため、校外研修の精選など過度な負担にならないよう配慮を行う。

・各種研修等に学校における働き方改革の目的や勤務時間を意識した働き方に関する講義、演習、必要な研修を実施すること。

・教職員一人一人が業務改善の意識を持つために、人事評価で働き方を含めた教師の姿を提示し、在校時間という観点から効果的、効率的に進めることに配慮すること。

2　学校及び教師が担う業務の明確化・適正化

（1）基本的な考え方

ウ　部活動

・部活動に過度に注力する教師が存在する。採用や人事評価で質の高い授業、生徒指導に関する知見、経験を評価し、部活の指導力は付随的なものとして位置付けること。

・学校に設置する部活動の数について、生徒、教師の数、部活動指導員の参画状況を考慮して適正化する。

オ　学校行事の準備・運営

・学校行事の精選や内容の見直し、準備の簡素化を進める。

⑩・教師の研修については、県と市町村で重複した研修の整理・精選を行う。
・研修報告書について簡素化を図る。
・夏季休業期間中の業務としての研修の精選がなされるよう通知の見直しに取組む。教育委員会は教職員がまとまった休暇を取りやすい環境に配慮すること。
（３）業務の役割分担、適正化のために各学校が取り組むべき方策
・教職員が自らの業務について、適正化の観点から見直すこと。
・教職員間で業務の在り方、見直しについて話し合う機会を設け、参考にし、業務の在り方の適正化を図ることができる学校現場の雰囲気づくりに取り組むこと。
３　学校の組織運営体制のあり方
（１）教育委員会は学校に対して以下の取組を促し必要な支援を行う
①・類似の内容をあつかう委員会等の統合設置や構成員の統一など、整理・統合を図り、会議の開催回数の削減等の業務効率化を進める。
　・校務分掌について、細分化を避け包括的、系統的なグループに分ける形で整理すること。
④・若手教師について、学校全体の中で支えていく。一人で仕事をかかえていたり、悩んでいる場合は管理職が早く把握し対応する。若手教師が孤立することがないようにする。
②・事務職員に過度に業務が集中しないよう学校事務の適正化と効率的な処理、事務機能の強化を進める。

　文科省は、2020年3月29日と6月28日に働き方改革を具体化するための通知を教育委員会、学校に発出しています。いまだかつてなかったことです。通知の内容を熟知していただき、ご自身の働き方を見直す参考資料としてご活用いただきたいと思います。前記2つの通知は、本書資料4と資料5に全文（要約）を掲載しています。

（３）心の健康を確保するために

　対人援助職は燃え尽き症候群（バーンアウト・シンドローム）に罹患しやすいといわれています。医療職、介護職、教育職があげられています。職業柄、忍耐力・献身性・対応力、柔軟性等が相当求められますので心の健康を保持する知恵・工夫が大切になってきます。

　仕事に没頭することは大切ですが、気分転換、切り替えがないと仕事へのエネルギー、アイデア、創造性も生まれません。ワークとライフをバランスよく配分する工夫と努力が求められます。

①ストレスチェックの「個人プロフィール」の活用

　ストレスチェックは心の健康診断です。57項目のチェックをすることでその時点の個人の心の診断結果が数値で評価されます。

　例えば、食欲がない、眠れない、体調がすぐれない、などの症状が２週間程度続くと抑うつ傾向があることがレーダーチャートに示されます。あるときは高ストレスの判定が出る場合もあります。メンタル面で不調を感じたら、重篤な状況になる前に、早めに専門家の診断、面接指導を受けることが大切です。

　健康診断でＥまたはＦという判定が出たら精密検査を受け、状況によっては治療を行うのと同じです。ストレスチェックの個人情報は守れますので、早めの面談、健康相談を行いましょう。

②セルフケアでこころの健康を保ちましょう

　「セルフケア」とは自分自身で行うストレス対策です。メンタルヘルスの専門家は「病気になってからの対応でなく、症状が出る前から対応することで予防ができる」と指摘しています。ゆとりのない労働・生活を余儀なくさせられている教職員にとって、とても大切な助言です。

　セルフケアを意識してライフスタイルに取り入れましょう。

セルフケア　３つのポイント

あ）ポイントその１　気づき

　ストレスの状況にできるだけ早く気付くことで、適切な対応がとりやすくなります。ストレスチェックでは心の健康状況を客観的に把握するため

に○仕事のストレス要因、○心身のストレス反応、○周囲のサポートについて 57 項目を調べストレスの判定を行います。

　ストレスプロフィールにはその時点のストレス状況がレーダーチャートで数値化され、見える化されています。高いストレスをどう緩和していくか、どんな対策を立てるか等考えて取り組む必要があります。

い）ポイントその 2　ストレス解消法

《ストレスに強くなるための生活習慣の改善》

ａ）食生活のポイント

　＊ 1 日 3 食規則正しく　　＊栄養バランスの良い食事を

ｂ）運動習慣のポイント

　＊運動はメンタル不調の予防に効果があります

　＊運動の目安は 1 回 60 分、 1 週間に 2 日程度

ｃ）睡眠のポイント

　＊睡眠不足は自律神経系のバランスを崩し、メンタル不調を招きます。

　＊ 7 時間程度の睡眠確保を目標に努めましょう

《自分に合ったストレス解消法を》

「忙しくてストレス解消の時間をつくれない」このような多忙な人こそ、心の健康を保つためにストレス解消のための時間をつくることが大切です。

　リフレッシュ法にはいろいろあります。いくつか紹介します。

　　○音楽を楽しむ：好きな音楽を聴くことは癒しの効果があります。

　　○動物との触れ合い：アニマルセラピーとして活用されています。

　　○絵を描く：色を塗るだけで気分転換がはかられます。

　　○自然との触れ合い：緑の多い場所に行くだけでリフレッシュ効果があります。

　　○植物を育てる：植物の栽培はリフレッシュ効果が高いです。

　　○香りを楽しむ：香りは精神をリラックスさせてくれます。

この他にも、自分に合ったリフレッシュ法を身につけて、ストレスの解消に努めましょう。「ワーカーホリック」（仕事中毒）からの脱出に努めましょう。

う）ポイントその3　援助希求行動を

　誰かに相談する、支援を求めることを「援助希求行動」といいます。援助希求行動が高い人ほど、ストレスに対する耐性（レジリエンス）が高いことが明らかになっています。教職員は支援を求めることが苦手と言われています。周囲が多忙であったり、多忙のために周囲の人に助けを求めにくい状況がありますが、心身が疲労困憊する前に積極的にヘルプを求めましょう。

　日ごろから、お互いに支えあう、なんでも相談できる風通しの良い職場環境が求められます。

（4）　学校の働き方改革に主体的参加を

　学校、教職員の働き方改革は教育委員会と管理職の務めですが、教職員も積極的・主体的に負担軽減対策や職場の環境改善に参加していくことが求められています。

　学校の多忙さ、仕事の多さを実感し改革の必要性を理解しているのは教職員の皆さんです。何が無駄か、厳選すべきか等を理解しているのも教職員の皆さんです。

　ストレスチェックの集団分析の活用で、教職員参加型の職場環境改善の取り組みが推奨されています。

　ボトムアップで教職員間で意見を出し合い、できるところから取り組むことで改善が少しずつ図られてきます。

　教職員参加型の職場改善の取り組みが、一番効果を発揮しているという報告を多く聞いています。

　中教審答申、文科省の働き方改革通知等の動きはかつてなかったものです。教育委員会と学校管理職、教職員が一体となって行う学校の働き方改革が求められています。

　このチャンスを逃さず、取り組みをすすめていきましょう。

中教審働き方改革答申と答申の具体化をもとめる文科省通知等

＊資料の要約は、筆者が本文の趣旨を損ねないよう留意してまとめたものです。

資料1　中教審働き方改革答申　（要約）

平成３１年１月25日公表
中央教育審議会働き方改革特別部会

はじめに
・文科省、教育委員会は今以上に本気で取り組む必要がある、教職員定数の改善など。
・「子どものためであればどんな長時間勤務も良しとする」働き方は、その中で教師が疲弊しては子どものためにはならない。
・教師が日々の生活の質や教職人生を豊かにすることで、自らの人間性や創造性を高め、効果的な教育活動を行うことができる。
第1章　学校における働き方改革の目的
1　我が国の学校教育と学校における働き方改革
・我が国の学校教育を持続可能なものにするために二つの課題がある。
・第一に、教師の働き方の実態を改善すること。「ブラック学校」といった印象。
・意欲と能力のある人材が教師を志さなくなり、学校教育の水準が低下することは子どもたちにとっても我が国にとっても社会にとってもあってはならない。
・授業を改善するための時間確保をできるようにするための学校の働き方改革が急務。
　　第二に、「チームとしての学校」の機能強化を図る　ＳＣ、ＳＳＷ等の活躍
2　学校における働き方改革の目的
・Ｈ30年「働き方改革推進法」が公布　長時間労働是正の措置を講ずるもの
　時間外労働の上限規制。
　医師による面接指導の対象となるよう要件の見直し。
　面接指導を実施するために事業者に対して労働者の労働時間の状況の把握を義務づけた労安法改正。
・教師の長時間勤務の要因について分析結果を踏まえ、学校及び教師の業務の範囲を明確にし、教師の専門性を生かし授業改善の時間や児童生徒に接する時間を確保できる勤務環境を整備することが必要。
・より短い勤務時間で高い成果を維持・向上することを目的にする。
・志ある教師の過労死が社会問題になっている。適切な勤務時間管理がなされず勤務の長時間化を止めることができず過労死に至った。本人、遺族、家族にとって計り知れない苦痛。
児童生徒、学校にとっても大きな損失。勤務時間管理の徹底、学校、教師の業務の明確化・

適正化による勤務の縮減を図り、一日も早く改善しなければならない。

3　学校における働き方改革と子供、家庭、地域社会
・学校における働き方改革を検討するにあたって、子供の視点、子供を育む家庭や地域社会の
　視点も欠かせない。「部活動ガイドライン」を遵守し部活休養日を確実に確保する。学校外
　の子供の学びについて、子供や家庭が自らその在り方を判断する時間が増加し、選択が　広
　がることになる。
　　これまで学校に任せていた時間をどう使うかについて子供、家庭自身が考え判断し、行動し
　なければならないことになる

第2章　学校における働き方改革の実現に向けた方向性
1　勤務の長時間化の現状と要因
・働き方改革の具体的な施策の検討のために、勤務の長時間化の現状と要因の分析が必要。
・小学校は
　学級担任制　担当授業時数が多い　給食指導　休み時間指導　安全配慮　休憩時間とれず連
　続勤務　校務分掌業務　授業準備が難しい
・中学校、高校は
　教科担任制　生徒指導・進路指導業務負担が大きい　補習指導、部活動指導時間が長い　授
　業準備が難しい
・このほか
　授業以外の事務業務担当。保護者・ＰＴＡ・地域との連携。通学路の安全確保。夜間の見回
　り指導。心理や福祉など教育以外の高い専門性が求められる事案が増えている。教師対応、
　質・量とも難しい。客観的な勤務時間把握がまだ少なく、実態を前提にした業務改善や健康
　管理ができにくい。勤務時間を意識した働き方が教師に浸透していない。
　2016年勤務実態調査の結果　全ての職種で勤務時間が増加　要因は3つある
　　1つ　若手教師の増加　H18年とH28年の比較　30歳以下の教諭の割合　10%増加
　　2つ　総授業時数の増加　小低で年間70単位時間（週2コマ）　小中から中学年間35単位
　　　　（週1コマ）　この結果、小学校で42分、中学校で47分増加
　　3つ　部活動時間の増加　教諭1日当たり平日7分　土日1時間3分増加　部活の過熱化
　　　　多くが顧問　この他の長時間の要因
・家庭の教育力の低下、学校への期待・依存　学校、教師が担うべき業務の範囲が拡大されて
　きた。
・業務の改善はすすめられてきたが、それを上回って授業、部活が増加してきた。
・教師が従事する書類の作成、事務業務時間が長い。
・学校行事について重点化、精選がすすめられていない。
・文科省、教育委員会の施策がたてわりで学校の業務を俯瞰して業務の優先順位をつける視点
　が欠けていた。
・特に、市町村教委での業務改善の取組が遅れている。
＜学校の組織運営体制について＞
・管理職の多忙、学校の組織運営体制の未整備、管理職のマネジメントが十分に働いていない。
・学校が様々な業務を担う中で、一人の教師が担任、部活顧問等校務分掌を多数担う等学校内

の組織体制が整理されていない。
・「チームとしての学校運営」が十分できていない。
＜勤務時間に関する仕組みや意識について＞
・校長、教育委員会は「給特法」の存在も相まって教師の勤務時間を管理するという意識が希薄だった。
・登下校時間をはじめ、学校における活動時間の設定も、教職員の所定勤務時間を意識したものになっていなかった。
・学校における労働安全衛生管理体制の整備や相談窓口等への積極的な活用への意識が十分でないため、自らの勤務時間や働き方を顧みることが乏しく、勤務の長時間化に歯止めがかからない。
＜教育環境や体制の整備について＞
・総授業時数を増加させたH20年の指導要領改訂以降、15,363人定数改善を行ったが、目的が指導の改善にあり、負担軽減からすると十分でなかった。
・児童生徒への対応、教職員・保護者への専門的な助言、援助のためにＳＣやＳＳＷを配置してきたが1校当たり週1日・数時間と勤務時間が限られており十分機能を果たせていない。
2　検討の視点と基本的な方向性
・勤務時間管理は学校長と教育委員会の責務
　業務改善をすすめる基礎として全ての教職員の勤務時間を把握する。
　長時間勤務の是正のためにはこの取組は不可欠だがこれだけでは真の働き方改革にはならない。
・教師の長時間勤務については教師自身自らの働き方を見直していくことは必要だが、教師一人一人の取組や姿勢のみで解決できるものではない。
　学校における働き方改革は、文科省、給与負担者である都道府県、服務監督権者の市町村教委、校長等の管理職が権限と責任を果たすことが不可欠。
・特に、文科省には働き方改革に必要な制度改正や教職員定数の改善などの条件整備、地域や保護者、社会に対して教師の職務について明確なメッセージを発し、このような役割を果たすことで家庭や地域等社会全体の理解と支援を得ることができる。
第3章　勤務時間管理の徹底と勤務時間・健康管理を意識した働き方の促進
1　教職員の勤務時間等に関する制度の現状
　　　　　　（略）
2　勤務時間管理の徹底と勤務時間の上限に関するガイドライン
・「労働時間の適正な把握・・ガイドライン」（H29年1月20日）　全ての学校に適用される
・改正労安法で面接指導実施のために勤務時間の客観的把握を規定。
・勤務時間管理は校長、教育委員会に求められる責務　今般の改正労安法で改めて明確化。
　業務改善をすすめていく基礎として勤務時間把握をすることは不可欠。
　教師の勤務時間を把握することで、働きすぎ教師について校務分掌の見直し、教職員間の業務の平準化を。
　労安法に基づく医師の面接指導の実施ができる。教師一人一人においても自らの働き方を省みる契機になる。
・今回の働き方改革をすすめるにあたり、勤務時間管理の徹底を図ることが必要。
　勤務時間管理にあたって管理職や教師に負担がかからないように自己申告方式でなく、ＩＣＴ・ＴＣで実施する。

・「勤務時間の上限ガイドライン」

上限の目安時間まで勤務することを推奨することでは絶対にない。

上限ガイドラインを踏まえて、文科省、教育委員会が具体的な長時間勤務の削減方策を確実に講じ、各学校や教師がその方策の下、自らの職務の在り方を改革することが必要。勤務時間把握は手段で目的ではない。

把握を形式的に行うことが目的化し、実際より短い時間を記録に残す、又は残させてはならない。

文科省と教育委員会は把握の徹底とその分析を行い、業務の削減、勤務環境の整備をすすめる。

上限ガイドラインの策定は働き方改革に関する文科省の職責の始点である。

3　適正な勤務時間の設定

・ 登下校時刻の設定、部活動、学校の諸会議等、休憩時間の確保を含め時間設定を行うこと。

・ やむを得ず業務を行ったときは勤務時間の割り振りを行う。

教職員が年休等を取得できるよう一定期間の学校閉庁日の設定を行うべき。

・ 留守番電話の設置やメールによる連絡対応等の体制整備の方策を。

・ 中学校はスポーツ庁と文化庁の「部活動ガイドライン」を踏まえた適切な活動時間や休養日の設定を行う。

4　労働安全衛生管理の必要性

（1）学校の労働安全衛生管理の現状と課題

・ 教師が心身の健康を維持して教育に携わることが重要。

・ 労働安全衛生の観点から必要な環境を整備することが必要。

・ 学校現場は労安法が適用される。

・ 小中学校では整備率が9割（産業医は8割）にとどまっている。

・ 長時間勤務者や高ストレス者に対する医師の面接指導は、規模を問わず、全ての事業場で行うことが義務づけられている。

面接指導の整備状況　教職員50人以上学校で9割　50人未満学校で7割

・ 精神疾患による病気休職者は5千人前後。

（2）学校の労働安全衛生管理の充実のための方策

・ 労安体制の未整備は法令違反。

・ 法令上の義務が課されていない学校においても、学校の設置者は可能な範囲で労安体制の充実に努めるべきである。

・ 義務が設置者に認知されていない。文科省は義務の遵守について徹底を促すとともに労安体制整備について分かり易い資料の作成、周知をすべき。

・ まずは、体制を整備することが必要。その上で体制が機能することが重要である。

・ 文科省は先進事例を把握し周知すべきである。

・ 教職員から衛生管理者を選任する場合は、教職員の業務を把握し適切な役割分担を行うべき。

・ 教師の心身の健康確保のために、管理職は風通しの良い職場づくりに取組むべき。

・ 健診の結果に基づき適切な事後措置が行われることが重要。

・ 50人以上の職場での義務

産業医の選任　衛生委員会の設置　衛生管理者の選任　定期健康診断結果報告書の提出　S

Ｃの実施　文科省は通知で規模にかかわらず全ての学校で実施を求めている。
　教育委員会はストレスチェックの趣旨を踏まえ、面接指導の実施、集団分析を行う　ＳＣが適切に実施されるよう取り組むべき。
　文科省は、結果の分析を通じた適切な措置が執られることも含め、全ての学校がストレスチェックを実施するよう調査し、市町村毎に実施状況を公表すべき。
・ストレスの原因が職場の人間関係や多忙で相談しづらい雰囲気にあるとの指摘がある。
　教育委員会は教職員研修を実施し心身の健康保持、相談を受ける際の傾聴法について理解を図る。
　管理職は、ハラスメント防止、相談しやすい職場環境の整備等対策を講じるべき。
・産業医の選任義務のない規模の学校においては、教育委員会として産業医を選任し域内教職員の健康管理を行わせ、健康確保に努めるべき。
・電話相談窓口のさらなる活用の啓発
　教師は指導困難な児童や保護者対応に心理的な負担を感じている。スクールカウンセラーやＳＳＷとの連携、必要な体制の整備を。
　心身の健康確保のためにハード面の整備を。空調設備の設置　休憩室の設置を。(気軽な会話)
・文科省は職員室のレイアウト、勤務環境の改善事例について教育委員会に周知すべき。
　教委や学校長は教師が休憩を取るための適切な空間の確保を図る工夫を。
　教委と学校長は労安の観点について、学校評価や業務改善の点検・評価に盛り込むべき。
　5　教職員一人一人の働き方に関する意識改革
(1) 研修・人事評価を活用した教職員の意識改革
・働き方改革を進めるために、校長をはじめとした管理職のマネジメント能力は必要不可欠。
　教育委員会は管理職の育成にあたって組織管理、在校時間管理、安全衛生管理等マネジメント能力を重視する。
　管理職登用の際、短い在校等時間で教育の目標を達成する成果を上げられるかどうかの能力や働き方改革への取組状況を適正に評価する。
　マネジメント能力を高めていくために、働き方に関する研修の充実を図り、学校の教職員の働き方を変えていく意識を強く持たせることが重要。
・教職員全体に対して勤務時間を意識した働き方を浸透させるために、必要な研修を実施する。初任研で講義・演習を行う。
・校長は学校の重点目標や経営方針に教職員の働き方に関する視点を盛り込み、その目標・方針に沿って学校経営を行う意識を持つ。
　教職員一人一人が業務改善の意識を持ってすすめるために人事評価に位置付ける。
・文科省は、より短い時間で成果を上げることが大切という意識を持てるよう普及啓発を行う。
(2) 学校評価とも連動した業務改善状況の把握と公表
・各学校は、業務改善について確認し、実情を公表し他校と比較しつつ取組をすすめていく。
　学校評価の重点的な評価項目の一つとして、業務改善、教職員の働き方に関する項目を位置付ける。
　文科省は、学校評価における業務改善や教職員の働き方に関する評価項目を示し、教委、学校の取組を促すべき。
・教育委員会は業務改善の点検・評価を推進するとともに、教育委員会が策定する業務改善方

針・計画や実施する業務改善の取組について、自己点検・評価で取り上げる。

第4章　学校及び教師が担う業務の明確化

1　基本的考え方

・学校が担う3つの業務　1学習指導　2生徒指導・進路指導　3学級経営・学校運営業務

・教師以外が担った方が効果的な教育活動を展開できる業務、教師以外が担うことが可能な業務がある。

・負担軽減の2つの視点　1　本来誰が担う業務か　2　負担軽減のためにどのような適正化を図るか

・学校・教師以外に積極的に移行していくという視点で検討を進めた。

・そもそも 必要性が低下し、慣習的に行われている業務は思い切って廃止する。

・その為に、勤務時間管理の徹底、上限ガイドラインを踏まえた具体的な削減目標の設定が重要。

・「業務の仕分け3観点」

　　　1　基本的には学校以外が担うべき業務　登下校　夜間見回り　学校徴収金　地域ボランティア

　　　2　学校の業務だが教師が担う必要のない業務　調査・統計　休み時間　校内清掃　部活動

　　　3　教師の業務だが負担軽減が可能な業務　給食時対応　授業準備　学校評価　学校行事準備・運営　進路指導　支援が必要な児童・家庭への対応

2　業務の役割分担・適正化を着実に実行するための仕組みの構築

(1)　文科省が取り組むべき方策

・社会全体の理解が得られるよう力強いメッセージを発出する。

・関係機関に対して、調査・依頼の精査・簡素化、学校に連絡せず教委に、学校を通さず子供たちに周知することを要請する。

・教委や学校の教師の在校時間の可視化など、働き方改革の進捗状況を把握し市町村別に公表する仕組み。

・文科省小中教育局財務課が教職員の業務量を一元的に管理する。(勤務時間、人的配置、業務改善)

・業務改善の優良事例を収集し、直接教師・保護者に情報発信する。

(2)　教育委員会等が取り組むべき方策

・教育委員会は文科省通知（18年2月9日）の13の取組をすすめる。

・教育委員会は各学校や地域で業務が発生したときは「仕分け3観点」の立場で、学校・教師に課されている過度な負担を軽減する。

・保護者や地域住民との適切な役割分担をすすめるためのコミュニテイ・スクール(学校運営協議会制度)を導入し、理解・協力を得ながら学校運営ができる体制を構築する。

(3)　各学校が取り組むべき方策

・学校の管理職は教職員の働き方を改善する項目を盛り込んだ学校の重点目標、経営方針を。

・教職員間で業務を見直し、削減する業務を洗い出す機会を設定する。

・校長は校内の分担を見直し、自らの権限と責任で、伝統として続いているが適切といえない業務又は本来家庭や地域社会が担うべき業務を大胆に削減する。

・各学校は、地域・保護者との連携に努めることが必要。文科省メッセージを活用し、学校運

営協議会制度を活用する。
3　これまで学校・教師が担ってきた代表的な業務の在り方に関する考え方
・学校宛の調査、作文、出展依頼等を軽減する観点から国の各機関や各種業界団体に対し、調査・依頼の精査・簡素化を求める。学校に頼らず子供たちに周知するよう要請する。
・部活動について、地域で部活動に変わり得る質の高い活動の機会を確保できる体制を整える取り組みをすすめる。将来的には、部活動を学校単位から地域単位の取組にし、学校以外が担うことを積極的にすすめるべき。
・ＳＣ，ＳＳＷを配置し児童生徒・保護者対応を分担する。部活動指導員の配置支援。授業準備や成績処理等を支援するスクールサポートスタッフの配置支援。登下校、休み時間対応に地域ボランティアの参画を促す地域学校協働活動の取組支援を行う。
・働き方改革を確実に進めるためには、県教育委員会、市町村教育委員会が本気で取り組むことが必要。
　教育委員会は文科省の取組を踏まえ、所管する学校における働き方改革に関する方針を示し、今までの業務負担を見直し、学校に課されている過度の負担を軽減することに尽力すべき。
4　学校が作成する計画等の見直し
・学校の全体計画、児童生徒の計画作成は多くの時間が必要。計画の作成が自己目的化している。
・今後は必須のものを中心とし、個別計画を詳細に作成せず、内容を簡素化し、複数の計画を一つにまとめるなど真に効果的な計画とするべき。
・教育委員会は学校に求めている計画を網羅的に把握し、スクラップ＆ビルドの視点で整理・合理化する。
　教育委員会が提示するひな形は過度に複雑なものにしない。
　また、文科省、教委が学校に新たな課題の対応を求めるときは、新たな計画の作成を求めず既存の計画の見直しで対応することを基本とする。
5　教師の働き方改革に配慮した教育課程の編成・実施
・教育課程の編成、実施にあたって教師の働き方改革に配慮することが必要。
　指導体制を整えないまま標準授業時数を大きく上回った授業時数を実施することは教師の負担増加となり、このような編成・実施は行うべきでない。
・現代的な諸課題に関する様々な教育への対応で教師の業務が増加している。
　これらは既に指導事項として指導されている。教科横断的な視点で関連性を持たせながら組み立てることが重要。「カリキュラムマネジメント」の推進を。
・今後、「社会に開かれた教育課程」を目指すうえで、家庭・地域との連携が重要となる。
・指導計画の位置づけが明確で家庭・地域との連携の取組が充実している場合は各校の判断で総合学習の一定割合を授業として位置付ける。
・指導要録の記述欄は大幅に簡素化を図る。通知票を指導要録とすることも可能とする大胆な見直しを行う。効果的で過度な負担をかけない学習評価を実現することが必要。
6　業務の明確化・適正化による在校時間等の縮減の目安
・毎日１時間の勤務縮減を行うことは年間２００時間の勤務縮減となる。
　教師の日々の生活の質や教職人生を豊かにすることで、人間性、創造性を高め、効果的な教育活動を行うことができる。

第5章　学校の組織運営体制の在り方

1　基本的考え方

・教師が多様で幅広い業務を職務として取り組む個業型の組織で成り立ってきた。
　教師が担う業務の範囲が十分整理されず、業務量が拡大してきた。

・学校の働き方改革を進めるうえで教師の業務の明確化、適正化を進める。
　学校の組織体制を見直し、やりがいを持って働き続けられる環境を整えることが必要。

・管理職は学校運営の基本方針・経営計画を具体的かつ明確に示し、教職員の意識や取組の方
　向性の共有を図る等学校組織マネジメントを行うことが不可欠。

・多様かつ増大する課題に対処するため密な情報交換、対話や議論がしやすい風通しの良い組
　織づくりをすすめる。

・若年者層が確実に増加しており、ミドルリーダーが若手の支援・指導をできる環境を整備する。

・教師に細分化されていた校務分掌の在り方を見直す必要がある。
　学校、教師が担ってきた業務の一部を家庭・地域の役割として見直す。保護者、地域住民が
　仕組みとして学校運営に参画する学校運営協議会制度を図る。

2　目指すべき学校の組織運営体制のあり方

・学校の組織、校務分掌について整理・統合を積極的に図り会議の開催回数の削減等業務の効
　率化を進める。幾つかの委員会の整理・統合を行う。

・若手教師への支援として学校組織全体で支えていく。教育委員会は学校単位を超えて地域で
　若手教師が悩みを共有し、経験者がアドバイスをできる機会を設定する。

・働き方改革の推進にあたって事務職員の校務運営への参画を拡大することが必要。

・学校組織マネジメントの中心は校長。
　人事評価、学校評価を通じ時間を軸にした総合的なマネジメントに取り組むべき。
　教育委員会は管理職に対して学校組織マネジメントで求められる能力の育成に努める。

・「チームとしての学校」の実現に向け、必要な人材の確保が必要。スクール・サポート・スタッ
　フの確保のために予算の確保を図る。

第6章　教師の勤務の在り方を踏まえた勤務時間制度の改革

1　給特法の今後の在り方について

・給特法のため、学校の勤務時間管理が不要との認識が広がり、教師の時間外勤務抑制の動機
　付けを奪い、長時間勤務を引き起こしていたとの指摘がある。

・教師の「自発的勤務」は校務分掌を踏まえて実施しているもの、時間外勤務の業務は超勤4
　項目の業務以外がほとんどという実態があることが明らかになっている。(教員勤務実態調査)

・教師の「自発的勤務」は自らの判断によるものとして勤務時間管理の対象にならないとい
　う誤解がある。この誤解のため「自発的勤務」を含めた勤務時間管理の意識を希薄化させ、
　勤務時間の縮減がすすまなかった。

・今般の働き方改革推進法(改正労安法)により勤務時間把握が使用者の義務として法令上明
　確化された。これまで「自発的勤務」として整理されてきた超勤4項目以外の業務時間に
　ついても、在校時間として勤務時間管理の対象にすることが明確となった。
　健康確保、労働安全衛生管理の観点から、上限ガイドラインとともに教師の勤務時間を適切
　に把握・管理しなければならないことを学校現場で徹底することが必要。

- 給特法の基本的枠ぐみを前提とし、使用者の勤務時間管理、上限ガイドラインのもと在校時間縮減のための取り組みを総合的かつ徹底的に推進する。
- 教職調整額４％については、現在の勤務実態を追認することなく教職員定数の改善を含む、勤務時間の縮減のための施策を総合的に実施することを優先する。
2　一年単位の変形労働時間制の導入について
- 現行制度上、地方公務員については一年単位の変形労働時間を導入することはできない。
- 適用できるよう法制度上の措置が必要。
- 導入にあたっては長期休業中の業務量を縮減することが前提。
  H28年の調査では時間外勤務の実態がある。(小：8時間3分、中：8時間28分)
  部活動や研修に多く充てられている。
- 文科省、教育委員会は導入の前提として長期休業中の業務を縮減する。
  長期の部活動休養期間の設定　部活動指導員の活用　中体連、高体連への日程、規模等大会の在り方の見直し要請　研修の精選
  H14年の通知の見直しを文科省に求める。(初任研、経験者研修、授業研究の休業中実施を求める)
  休業期間中、部活動大会のために休みを確保できないことがないように、関係団体に働きかける。
- 育児、介護等により時間外勤務が困難な教師はこうした制度を適用しない選択も確保できるように措置する。
  ※労基法施行規則12条の6　使用者は育児、介護者に対しては配慮しなければならない。
  これを導入することで、学期中の勤務が長時間化し一日一日の疲労が回復せず、教師の健康に深刻な影響を及ぼすことになったら本末転倒。
3　中長期的な検討
- 公立学校の教師に関する労働環境について、法制的な枠組みを含め検討を重ねる。
第7章　学校における働き方改革の実現に向けた環境整備
1　教職員及び専門スタッフ等学校指導・運営体制の効果的な強化・充実
- 新しい学習指導要領　「主体的、対話的、深い学び」の授業改善　英語教育の早期化　標準授業時数の増加(高学年　年間35時間増加)
- 不登校、外国人生徒の増加、特別な支援が必要な生徒数は10年で倍増、子どもの貧困率高い水準　学校、教師が直面する諸課題が多様化・複雑化している。
- 教師、専門スタッフが地域とも連携しながらチームとして連携協働して学校運営を推進していく。
  H31年度までのＳＣの全公立小中学校配置、SSWの全中学校区配置　部活動指導員の配置（部活ガイドラインの遵守を条件）　特別支援スタッフの配置促進　スクール・サポート・スタッフの配置促進　観察実験補助員の配置促進　法的助言をするスクールロイヤーの活用促進　学校運営協議会制度の導入
2　勤務時間の適正化や業務改善・効率化への支援
- 教育委員会や学校が業務改善の取り組みを具体化できるように直接訪問等を行い、アドバイスを行う。
3　今後、更に検討を要する事項
- 小学校における効果的な指導、小学校教科担任制の検討、年間授業時数、標準的な授業時数

のあり方を含む教育課程のあり方の見直し。
- 公立学校の教師の勤務時間、労働安全衛生体制について調査・監督する人事委員会等の効果的な活用方法の検討。

第8章　学校における働き方改革の確実な実施のための仕組みの確立とフォローアップ
- なにより重要なのは、提言が具体化され、教師が学校における働き方改革が進んだと実感を持てること。
- 今後、学校へ新たな業務を付加するような制度改正を行う際には、スクラップ＆ビルドを原則とし十分な調整を行うこと。
- 教育委員会には、取組みを一過性のものとすることなく定期的に教育委員会会議や総合教育会議で扱い、必要な施策を行うことを求める。
- 文科省は学校の働き方改革の進展状況を市町村毎に把握し、業務の仕分けがすすまないところは公表し取組を促すことを求めたい。取組の状況を点数化して公表するなど国として評価する。
- 文科省は取組の進展を把握すべく、3年後を目途に勤務実態調査をすべき。

- -

資料2　　**公立学校の教師の勤務時間の上限に関するガイドライン　要約**

平成31年1月25日　文部科学省

1　趣旨

　教師の長時間勤務の看過できない実態が明らかになっている。

　「超勤4項目」以外の業務について、教師が対応している時間が長時間化している実態が生じている。

　教師の業務負担の軽減を図り、日々の生活の質や教職人生を豊かにすることで、教師の人間性や創造性を高め、児童生徒に対して効果的な教育活動を持続的に行うことをできる状況を作り出す。これが「学校における働き方改革」の目指すところである。

　文部科学省は、業務の明確化・適正化、必要な環境整備等、教師の長時間勤務是正に向けた取り組みを着実に実施していく。

　本ガイドラインは、実効性を高めるため「その根拠を法令上規定するなどの工夫を図り、学校現場で確実に遵守されるよう」取り組むことを踏まえ、さらに検討を続けていく。

2　本ガイドラインの対象者

　義務教育諸学校の教育職員を対象とする。

　事務職員、学校栄養職員等は「36協定」を締結する中で時間外労働の規制が適用される。

3　勤務時間の上限の目安時間

（1）本ガイドラインにおいて対象となる「勤務時間」の考え方

　「超勤4項目」以外の業務が長時間化している実態を踏まえ、こうした業務を行う時間も含めて「勤務時間」を適切に把握するために、今回のガイドラインにおいては、在校時間等、外形的に把握することができる時間を対象とする。

　具体的には、教師等が校内に在校している在校時間を対象とすることを基本とする。

　これに加えて校外での勤務についても、職務として行う研修への参加や、児童生徒等の引率等の職務に従事している時間については、時間外勤務命令に基づくもの以外も含めて外形的に

把握し、対象として合算する。

　テレワーク等によるものについても合算する。

　これらを総称して、「在校等時間」とし、本ガイドラインにおいて対象となる「勤務時間」とする。

（2）上限の目安時間

①1か月の時間外勤務が45時間を超えないようにすること

②1年間の時間外勤務が360時間を超えないようにすること

（3）特例的な扱い

①（2）を原則としつつ、児童生徒等に係る臨時的な特別の事情により勤務せざる得ない場合についても、

　　1年間の時間外勤務が720時間をこえないようにすること。

　　1か月の時間外勤務が45時間を超える月は、1年間に6月までとする。

②また、1か月の時間外勤務が100時間未満であるとともに、連続する複数月(2か月、3か月、4か月、5か月、6か月)のそれぞれの期間について、1か月当たりの時間外勤務の平均が80時間を超えないこと。

4　実効性の担保

（1）本ガイドラインの実効性を担保するため、教育委員会は以下の取り組みを進める

①教育委員会は、本ガイドラインを参考にしながら、所管内の公立学校の教師の勤務時間の上限に関する方針等を策定する。

②教育委員会は、方針等の実施状況を把握したうえで、勤務時間の長時間化を防ぐための業務の役割分担や適正化、必要な環境整備等の取り組みを実施する。

　上限の目安時間を超えた場合には、教育委員会は、公立学校における業務や環境整備等の状況について事後的に検証を行う。

③教育委員会は、人事委員会と方針等について認識を共有し、連携を強化する。

（2）文部科学省及び教育委員会は、保護者、社会全体が本ガイドラインや方針等の内容を理解できるよう、教育関係者、保護者、地域住民に広く周知を図る。

（3）文部科学省は、既存の調査等を活用しつつ、適宜、各教育委員会の取り組みの状況を把握し、公表する。

5　留意事項

（1）関係者は、本ガイドラインが、上限の目安時間まで教師等が在校したうえで勤務することを推奨する趣旨ではない。

　　決して、学校や教師等に上限の目安時間の遵守を求めるのみであってはならない。

（2）在校時間は、ICTの活用やタイムカード等により客観的に計測し、校外の時間についても、本人の報告等を踏まえてできる限り客観的な方法により計測する。

（3）教育委員会は、休憩時間や休日の確保等労働法制を遵守する。

　　教師等の健康及び福祉を確保するため、在校等時間が一定時間を超えた教師等への医師による面接指導や健康診断を実施する。

　　退庁から登庁までの一定時間を確保する。

　　年次有給休暇等の休日についてまとまった日数連続して取得することも含めてその取得を促

進する。

　心身の健康問題についての相談窓口を設置する。

　必要に応じ産業医等による助言・指導を受け、また、医師等による保健指導を受けさせること等に留意しなければならない。

（4）上限の目安時間の遵守を形式的に行うことが目的化し、必要な教育活動をおろそかにしたり、実際より短い虚偽の時間を記録に残す、または残させることがあってはならない。

　さらに、上限の目安時間を守るためだけに自宅等に持ち帰って業務を行う時間が増加することは、厳に避ける。

資料3　学校における働き方改革に関する取組の徹底について（通知）要約

平成 31 年 3 月 18 日

文部科学事務次官　藤原誠

・ 平成 28 年、教員勤務実態調査で、教師の厳しい勤務の実態が改めて明らかとなりました。

・ これを受けて、学校における働き方改革に関する方策について中教審に諮問を行い、本年 1 月 25 日に「答申」がとりまとめられました。

・ 学校における働き方改革の目的は、教師の働き方を見直し、日々の生活の質や教職人生を豊かにすることで、自らの人間性や創造性を高め、子供たちに対して効果的な教育活動を行うためです。

・ 文科省は学校における働き方改革を強力に推進するため「働き方改革推進本部」を設置し、今後取り組むべき事項について工程表を作成しました。今後、答申の具体化に向け、当該工程表に基づき、必要な制度改正や条件整備など、取組を進めていきます。

・ 各地方公共団体の長は、教育委員会の取組について積極的な支援をお願いします。

・ 今後、文科省は各教育委員会の取組の状況を把握し、公表します。

・ 各都道府県教育委員会は市町村長及び市町村教育委員会に対して、本件について周知を図り、十分な指導・助言に努めていただきたい。

・ 各都道府県教育委員会及び指定都市教育委員会は所管の学校に対して、周知を図ると共に、働き方改革を進める上で校長の役割も大きいことから、必要な指示や支援に努めてください。さらに、市町村が設置する学校に対して周知が図られ、校長が権限と責任を踏まえて適切に対応できるよう配慮をお願いします。

記

1　勤務時間管理の徹底と勤務時間・健康管理を意識した働き方の推進

（1）勤務時間管理の徹底と勤務時間の上限に関するガイドラインに係る取組

①・労安法改正により校長や教育委員会に求められる勤務時間管理の責務が改めて明確化されたことを踏まえ、教職員の勤務時間管理を徹底すること。

・勤務時間管理に当たっては、教育委員会は自己申告方式ではなくタイムカードなどにより勤務時間を客観的に把握し、集計するシステムを直ちに構築するよう努めること。

②・文科省が 1 月 25 日に策定した「公立学校の教師の勤務時間の上限に関するガイドライン」

を踏まえた取組を進めること。

(2) 適正な勤務時間の設定

① ・児童生徒の登下校時刻や、部活動、学校の諸会議等については、教職員が適正な時間に休憩時間を確保できるようにし、教職員の勤務時間を考慮した時間設定を行うこと。

・小中学校教師は平均45分早く出勤、一年での合計は150時間となり、所定の勤務時間を意識した登下校時刻の設定が急務であり、適切に設定して保護者に周知すること。

・部活動については、スポーツ庁と文化庁が作成した総合的なガイドラインを踏まえた、適切な活動時間や休養日の設定を行うこと。

② ・「超勤4項目」以外の業務について、早朝や夜間等、通常の勤務時間以外の時間帯にやむを得ず命じざる得ない場合には、服務監督権者は、正規の勤務時間の割り振りを適正に行うなどの措置を徹底すること。

③ ・教職員が確実に休日を確保できるよう、週休日の振り替えの期間に長期休業期間にかからしめる工夫、長期休業期間における一定期間の学校閉庁日の設定の工夫を行うこと。

④ ・非常災害や緊急の必要がある場合を除き、教師が時間外勤務をすることのないように、教育委員会への連絡方法を確保した上で、留守番電話の設置やメールによる連絡対応等の方策を講ずること。

⑤ ・適正な勤務時間の設定に係る取組について、各学校の学校運営協議会の場を活用して保護者や地域の理解を得ること。教育委員会は必要な支援を行うこと。

(3) 労働安全衛生管理の徹底

① ・労安法で義務づけられている労働安全衛生管理体制の未整備は法令違反であり、学校の設置者は体制の整備を行う責務がある。

・法令上の義務が課されていない学校においても、学校の設置者は可能な限り労安体制の充実に努めることとされており、各教育委員会は適正な措置を行うこと。

② ・学校の規模にかかわらず、ストレスチェックが全ての学校において適切に実施されるよう取組み、メンタル不調の未然防止に努めること。

・今後、文科省が全ての学校でストレスチェックが実施されるよう教育委員会の実態を調査し、市町村毎にその実施状況を公表する。

③ ・学校の労働安全衛生管理の充実にあたっては、労働安全衛生管理の充実に係る施策例、電話相談窓口等に関する資料と合わせて別途通知を発出する予定である。

・教育委員会と医師会との連携を一層図ること。

(4) 研修・人事評価等を活用した教職員の意識改革及び学校評価

① ・管理職の育成にあたって教職員の組織管理や勤務時間管理、労働安全衛生管理などマネジメント能力を重視すること。働き方改革への取組状況を適正に評価し、働き方に関する研修の充実を図り、教職員の働き方を変えていく意識を強く持たせること。

② ・全ての教職員に勤務時間を意識した働き方を浸透させるため、校外研修の精選など過度な負担にならないよう配慮を行う。

・各種研修等に学校における働き方改革の目的や勤務時間を意識した働き方に関する講義、演習、必要な研修を実施すること。

③ ・学校経営方針等で優先すべき業務を示すとともに、教職員の働き方に関する視点を盛り込

み、管理職がその目標・方針にそって学校経営を行う意識を持つように所管の学校に対して指導すること。

・ 教職員一人一人が業務改善の意識を持つために、人事評価で働き方を含めた教師の姿を提示し、在校時間という観点から効果的、効率的に進めることに配慮すること。

④・学校評価の重点的な評価項目の一つとして、業務改善や教職員の働き方に関する項目を明確に位置付け学校評価のプロセスを積極的に活用していく。学校評価と連動した業務改善の点検・評価の取組を推進することについて、学校に対して指導すること。

・ 教育委員会が策定する業務改善方針・計画や取組について、どれだけ長時間勤務を削減したかという実効性の観点から、教育委員会の自己点検・評価の中で取り上げること。

2　学校及び教師が担う業務の明確化・適正化

(1) 基本的な考え方

　働き方改革を確実に進めるために、都道府県・市町村教育委員会が本気で取り組むことが必要である。

　教育委員会の職員一人一人が働き方改革の必要性を認識し、教育委員会として学校における働き方改革に係る方針・計画を示し、自ら学校現場に課している業務負担を見直すこと。

　所管の学校において何を重視し、どのように時間配分を行うか地域社会に理解されるような取組を積極的に行い、学校に課されている過度な負担を軽減することに尽力すること。

　業務の役割分担を進めるにあたっては学校運営協議会等を活用し、保護者や地域住民の理解・協力を得ながら、適切な役割分担を進めること。

(2) 業務の役割分担・適正化のために教育委員会等が取り組むべき方策

①・教育委員会が課している業務の内容を精査した上で業務量の削減に関する数値目標を決め、明確な業務改善目標を定め取組を促進し、フォローアップする。

・ 数値目標を形式的に達成することを目的化させないよう、先進的事例（文科省）を参考に、取組がどの程度の削減につながるか、丁寧に確認しながら進めること。

②・教育委員会は、教師が専門性を発揮できる業務であるか、児童・生徒の生命・安全に関わる業務であるか否かの観点から、担い手を教師以外の者に積極的に移行していく視点に立って業務を仕分けすること。

ア　学校以外が担うべき業務：教育委員会が責任を持って対応する。

イ　学校の業務だが必ずしも教師が担う必要のない業務：教師以外の担い手を確保する。

ウ　教師の業務：スクラップ＆ビルドを原則とし、過度な負担を軽減する。

・ 必要性が低下し、慣習的に行われている業務は、業務の優先順位をつける中で廃止していく。

（文科省メッセージ3－1～3－4参照）

③・文科省は「文科省に求める取組」について積極的に対応していく。

・ 各教育委員会は14の業務の役割分担・適正化のために必要な取組を実施すること。

ア　地域ボランティアとの連絡調整

　教育委員会は学校教育と社会教育担当が連携を深め、学校と地域ボランティアの円滑かつ効果的な連絡調整を推進すること。

　地域連携担当職員を地域連携の窓口として校務分掌上位置付ける。（学校管理規則に規定）

イ　調査・統計等への回答等

教育委員会の学校への調査は精査し一元化を行う。調査結果が調査対象校に共有されるようにすすめる。

他団体等の調査、出展依頼、配布依頼を軽減する観点から、学校によらない児童生徒への周知方法の検討要請を行う。

ウ　部活動
- 部活動に過度に注力する教師が存在する。採用や人事評価で質の高い授業、生徒指導に関する知見、経験を評価し、部活の指導力は付随的なものとして位置付けること。
- 高校入学者選抜における部活動評価の在り方の見直しに取り組むこと。
- 学校に設置する部活動の数について、生徒、教師の数、部活動指導員の参画状況を考慮して適正化する。
- 将来的には、部活動を学校単位から地域単位の取組にすることを検討する。

エ　給食時の対応
- 学級担任と栄養教諭の連携により学級担任の負担を軽減すること。ランチルームで一斉に給食をとったり、教師の補助として地域人材の参画・協力を得る。
- 食物アレルギー対応は事故防止を最優先する。過度で複雑な対応は行わない。

オ　学校行事の準備・運営
- 学校行事の精選や内容の見直し、準備の簡素化を進める。
- カリキュラム・マネジメントの観点から学校行事と教科等の関連性を見直し、学校行事のうち、教科等の指導と位置付けることが適切なものについて、積極的に当該教科等の授業時数に含めること。

カ　進路指導
- 進学、就職時作成の書類について、校務支援システムの導入、様式の簡素化、都道府県の様式の統一化、作業を効果的に進める工夫を行うこと。
④・「チームとしての学校」として、ＳＣ・ＳＳＷ・特別支援専門スタッフ・部活指導員・サポートスタッフその他の外部人材について、役割分担を明確にしたうえで参画を進め、学校理解を深め、研修を実施し、学校に対して必要な支援を行うよう努めること。
⑤・学校が担ってきた業務について、統一的に実施できるものについて、できる限り地方公共団体や教育委員会が担っていくこと。
- 児童生徒のいのちと安全を守ることは学校教育の大前提。保護者や地域、関係機関との間で法的な整理を踏まえた役割分担・連携が重要。
- 学校と保護者・地域住民間のトラブルに対して、学校支援を教育委員会が進めること。スクールロイヤーの配置により学校が法的アドバイスを受けられるようにする。
⑥・学校が直面してきた課題に対し、福祉部局、警察等関係機関との連携を教育委員会が主導して連携すること。
⑦・保護者や地域住民等との役割分担を進める観点から、学校運営協議会制度の導入等で学校が保護者・地域住民等と教育目標を共有し学校運営を行う体制を構築すること。
- 学校施設の地域開放では教育委員会による一元的な管理運営等、管理事務における学校や教師の負担軽減を図る。
⑧・教育局財務課が勤務時間や人的配置、教職員の業務量を一元的に管理し、新たな業務を負

荷する際に、スクラップ&ビルドを原則とする。

・教育委員会は正規の勤務時間や人的配置等を踏まえ教職員の業務量を俯瞰し、新たな業務を付加する場合には調整を図る体制を構築すること。

⑨・統合型校務支援システムの導入等、ＩＣＴ環境整備により指導要録への記載など学校評価をはじめとした電子化により効率化を図る。教材の共有化を積極的に進める。

⑩・教師の研修については、県と市町村で重複した研修の整理・精選を行う。

・研修報告書について簡素化を図る。

・夏季休業期間中の業務としての研修の精選がなされるよう通知の見直しに取組む。教育委員会は教職員がまとまった休暇を取りやすい環境に配慮すること。

⑪・学校指定の先導的な研究や学校における研究事業は精査・精選すると共に、研究テーマの精選、書類の簡素化、報告書の形式、発表の在り方など、教師の負担面にも配慮すること。

（3）業務の役割分担、適正化のために各学校が取り組むべき方策

・教育委員会は学校に対して以下の必要な支援を行うこと。

・教職員が自らの業務について、適正化の観点から見直すこと。

・教職員間で業務の在り方、見直しについて話し合う機会を設け、参考にし、業務の在り方の適正化を図ることができる学校現場の雰囲気づくりに取り組むこと。

・管理職は学校の重点目標や経営方針を明確化し、目標達成のために真に必要な業務に注力する。

・校長は業務が偏ることのないように校務の分担を見直す。学校の伝統として続いているが適切とは言えない業務、本来は家庭や地域が担うべき業務（下記））は大胆に削減すること。

夏休み期間のプール指導、

勝利至上主義のために早朝からの時間外勤務・指導

内発的な研究意欲がないのに形式的に続けられる研究指定校としての業務

保護者、地域の期待に過度に応えることを重視した運動会等の過剰な準備

家庭が担うべき休日の地域行事への参加のとりまとめ等

（4）学校が作成する計画等の見直し

①・学校単位で作成される計画について、計画の統合も含め、真に効果的な計画の作成を推進すること。

②・各教科等の指導計画、支援が必要な児童・生徒のための個別の指導計画の有効活用のためにも、計画内容の見直し、共有化する取組を推進する。

③・教育委員会が学校に求めている計画等、スクラップ&ビルドの視点で整理・合理化をしていく。教育委員会が計画等のひな形を提示する際には、過度に複雑なものとせず、活用されやすいものにする。

学校に新たな計画の作成を求める場合、既存の各種計画の見直しの範囲内での対応を基本とする。

（5）教師の働き方改革に配慮した教育課程の編成・実施

・指導体制を整えないまま標準授業時数を大きく上回った授業時数を実施することは、教師の負担増加に直結することから、このような教育課程の編成・実施は行うべきではない。仮に、大きく上回った授業時数を計画している場合は、精査して教師の時間外勤務の増加につながらないようにすること。

・教育課程の編成・実施にあたっても教師の働き方改革に十分配慮するよう各学校を指導すること。

3　学校の組織運営体制のあり方

(1) 教育委員会は学校に対して以下の取組を促し必要な支援を行う

① ・類似の内容をあつかう委員会等の合同設置や構成員の統一など、整理・統合を図り、会議の開催回数の削減等の業務効率化を進める。

・校務分掌について、細分化を避け包括的、系統的なグループに分ける形で整理すること。

② ・一部の教師に業務が集中し、長時間勤務が常態化しないよう、業務の偏りを平準化し、校務分掌のありかたを適時柔軟に見直す。

③ ・主幹教諭がミドルマネージャーとして役割を発揮できるよう軽減措置を講じること。

④ ・若手教師について、学校全体の中で支えていく。一人で仕事をかかえていたり、悩んでいる場合は管理職が早く把握し対応する。若手教師が孤立することがないようにする。

⑤ ・総務・財務等に通じる専門職の事務職員は、校務運営への参画を一層拡大すること。

(2) 各教育委員会は以下の取組を推進すること

① ・各都道府県教育委員会は管理職に対して、時間を軸にした総合的な学校組織マネジメントの観点から求められる能力を明確化し、適切に評価し、改善が行われるよう取組む。

・教育委員会は、校長とともに学校組織マネジメントの向上に取り組むこと。

② ・学校単位を超えて地域で若手教師が悩みを共有できるよう、指導主事等が支援する立場で働き方改革の観点からアドバイスできる機会の工夫を行う。

③ ・事務職員に過度に業務が集中しないよう学校事務の適正化と効率的な処理、事務機能の強化を進める。

④ ・副校長・教頭などに過度な負担がかからないよう、学校の求めに応じて人材配置のための人材バンクを整える。

4 ・今回の答申を踏まえた取組を一過性のものにしないよう、文科省は業務改善状況調査を通じ、働き方改革の進展状況を市町村毎に把握し、その結果を公表する。

・各教育委員会は、学校における働き方改革の方針を策定し、定期的に教育委員会会議や総合教育会議の議事として扱い、学校や教師のおかれている状況について首長、行政部局と　共有して共通理解を深め教育委員会組織内の体制整備や業務の精選を図りつつ、各学校の取組の進展状況を踏まえながら、必要な施策に取り組むこと。

- -

資料4　学校における一層の労働安全衛生管理の充実等について（通知）　要約

平成 31 年 3 月 29 日

文部科学省初等中等教育局　財務課長　　　合田哲雄

〃　　　健康教育・食育課長　　三谷卓也

　中教審の答申（平成 31 年 1 月 25 日）においては、学校における労働安全衛生管理の必要性についても言及されている。

　これまでも関係法令の周知徹底を図るとともに、公立学校等における労働安全衛生対策に万

全を期していただくよう通知してきたが、答申も踏まえ一層の労働安全衛生管理の充実に努めていただきたい。

　文部科学省としては、最新の状況を踏まえた啓発資料を作成・配布し関係法令の情報を周知したり、勤務環境の改善事例について周知するなどの取組をすすめるとともに、教育委員会と医師会等との連携が一層図れるよう日本医師会に対しても協力を依頼するほか、各都道府県、各市町村教育委員会における取組状況についても定期的にフォローアップする予定。

　教育委員会（都道府県・市町村）は学校に対して周知が図られるよう配慮をお願いする。

記

1　労安法により学校の規模に応じて義務づけられている労働安全衛生管理体制の未整備や医師の面接指導、ストレスチェックの未実施等は法令違反であり、学校の設置者は速やかに体制の整備を行う必要がある。

　また、定期健康診断の結果に基づく適切な事後措置を確実に行われたい。

　教職員の保健管理にかかる費用については、地方財政措置が講じられており、労働安全衛生管理体制の整備にあたって適切に活用をされたい。

2　答申において、法令上の義務が課されていない学校においても、学校の設置者は可能な限り義務が課されている学校に準じて労働安全衛生管理体制の充実に努めるべきであるとされたことを踏まえ、各教育委員会において適切に取り組まれたい。

　その際、今般の労安法の改正により、長時間労働やメンタルヘルス不調により、健康リスクが高い労働者を見逃さないため、産業医・産業保健機能の強化が図られたことを踏まえ、産業医の選任義務が無い規模の学校においても、教師の健康管理を担当する医師を置いている場合は、医師等が産業医学の専門的立場から効果的な活動を行いやすい環境を整備する。

　そうした医師をおいていない場合、教育委員会として産業医資格を持つ医師を選任し教職員の健康管理を行わせる。

　また、学校医や管理職が教師の健康上の懸念点を発見した際には、専門医との連携がとれる環境を整える。

　さらに、ストレスチェックの実施についても、制度の趣旨を踏まえ、その結果に基づく面接指導の実施や結果の集団毎の集計・分析及びその結果を踏まえた必要な措置を含め、全ての学校で適切に実施されるよう取り組む。

3　各教育委員会は、教職員への研修等を通じて心身の健康保持の重要性やそのための方策、相談を受ける際の傾聴法等について理解を深められるようにするとともに、職場における各種ハラスメントの防止や相談しやすい職場環境の整備など、各学校において必要な対策を講じられたい。

4　労安体制の整備を行うだけでなく、体制が適切に機能することが重要であり、教育委員会の関係部局と学校がより緊密に連携して取組を文科省が作成した、諸々の資料を参考にし、活用して欲しい。

資料5　学校における働き方改革の推進に向けた夏季等の長期休業期間における学校の業務の適正化について（通知）　要約

令和元年6月28日
文部科学省初等中等教育局事務代理
文部科学審議官　　　　芦立　訓

まえがき

　様々な手段を活用して夏季等の長期休業期間中にまとまった休日を確保することが必要。そのために、長期休業中の業務量の一層の縮減が必要となる。

　長期休業期間に研修等の特定の業務等の実施を求めてきた通知(平成14年7月4日)を廃止する。

1　学校閉庁日の設定等について

　教師が確実に休日を確保できるよう、長期休業期間における一定期間の学校閉庁日の設定などの工夫を行うこと。

　なお、地方公共団体の判断により、一つの選択肢として一年単位の変形労働制を活用した休日の「まとめ取り」を導入できるよう制度改正を行うことを検討している。

2　夏季等の長期休業期間における業務について

(1)　研修について

①都道府県と市町村教育委員会間で重複した研修は整理する。

　夏季の長期休業中の研修の精選を行う。

　研修報告書は研修内容に応じて簡素化を図る。

　実施時期の調整やICTを活用した研修等、まとまった休暇を取りやすい環境に配慮する。

　現職研修(免許更新講習、中堅教諭研修)の整理・合理化など、教員の負担軽減に効果的であること。

②・初任者研修は、校内研修10時間以上、年間300時間以上、校外研修25日以上と会議で周知してきたが、この目安通りに実施する必要はない。

　・教師が確実に休日を確保できるよう、夏季休業期間の初任研実施時期、日数を弾力的に設定する。

③中堅教諭研修は「長期休業期間に20日程度研修を実施する」としていたが、当該改正後は、日数の目安はしめしていない。教員等のニーズに応じたものとなるよう、教師が確実に休日を確保できるよう、実施時間、日数を弾力的に設定する。

④「教育公務員は絶えず研究と修養に努めなければならない」との教特法の規定を踏まえ、教師の専門性を高めることが目的。ICTの活用等により、最も効果的な研修を実施し重要な資源である時間が有効に活用されるとともに、効果的で質の高い研修とするよう努める。

(2)　部活動について

①教育活動ではあるが、自主的・自発的な参加により行われる教育課程外の活動である部活動については、必ずしも教師が担う必要のない業務であり、部活動指導員や外部人材の積極的な参画を図る。

　長期休業中の部活動についてはスポーツ庁、文化庁のガイドラインを踏まえ、学期中に準じた扱いとして、週当たり2日以上の休養日を設ける。

　生徒が十分な休養を取り、部活動以外に多様な活動を行えるよう、ある程度長期の休養期間
(オフシーズン) を設ける。

　1 日の活動時間は長くても 3 時間程度とし、短時間に、合理的・効率的・効果的な活動を行うこと。

②大会等の見直しについては、文科省から大会等の主催者に働きかけを行っている。

　文科省による働きかけを踏まえ、教育委員会として各地域における大会・コンクール等の主
催者に対し速やかな検討・見直しを促す。

(3) 児童生徒の学習活動について

①夏季等の長期休業期間に授業日を設定しようとする場合は、各教科や学習活動の特質に応じ
効果的か十分検討を行う。

　夏季等の長期休業期間中に授業日を設定する固有の意味や必要性の有無を検討すること。

②長期休業中に「総合的な学習の時間」の学習活動を行うとき、教職員が緊急連絡に備えるた
めのみを理由として学校で待機することのないようにする。

(4) その他の業務について

　平成 31 年事務次官通知の徹底をお願いする。

　通知の主な内容

「夏季の長期休業中に家庭訪問、面談、学習指導活動、学校図書館の開館等あるが、業務の
偏りの平準化、役割分担、適正化を行う」

「学校としての伝統だからとして続いているが、児童・生徒等の学びや健全な発達の観点か
らは必ずしも適切とは言えない業務 (例えば夏休み期間の高温時のプール指導や、試合や
コンクールに向けた勝利至上主義の下で早朝等所定の勤務時間外に行う練習の指導、内発
的な研究意欲がないにもかかわらず形式的に続けられる研究指定校としての業務、地域や
保護者の期待に過度に応えることを重視した運動会等の過剰な準備、本来家庭が担うべき
休日の地域行事への参加の取りまとめや引率等を大胆に削減すること」

　通知を踏まえ、夏季等の長期休業期間中の業務について、各学校の実情を踏まえて見直す。

3　教育公務員特例法第 2 2 条第 2 項に基づく研修について

　長期休業期間中、教師の専門職としての専門性を向上させる機会を確保するとともに、勤務
状況、勤務管理の適正を徹底する。

①職専免研修は、事前の研修計画書、研修後の報告書の提出等により研修内容の把握・確認を徹底する。

②職専免研修を承認するか否かは、校長が権限と責任において、適切に判断し行うもの。

③職専免承認に当たっては、その内容、実施態様からして不適当と考えられるものに承認を与
えるのは適当でない。

④職専免研修を自宅で行う場合は、研修内容の把握・確認を徹底し、自宅で行う必要性の有無
等について適正に判断する。

⑤職専免研修を「自宅研修」との名称を用いている場合は、その名称を「承認研修」等に見直す。

あとがき

　多くの教職員のみなさんは、日夜子どもたちの教育のために教育研究と教育実践に励んでおられます。

　そんな中、過労死ラインの労働時間や精神性疾患が高止まり状態で、教育への思いを実現することが困難な状況に置かれています。

　近年のOECDの教育調査や文科省の勤務実態調査によって、看過できない状況が明らかになっています。

　国は，中教審の審議や働き方改革通知等を教育委員会等に発出して今までにない、具体的な改革・改善策を提起しています。

　今が改革・改善のチャンスです。

　教職員が人間らしく生き働けるために、子どもたちの健やかな成長発達を保障する教育を実現するために、その思いを込めて本書を執筆しました。

　教育委員会の皆様、学校管理職の皆様、教職員の皆様の参考になりましたら幸いです。

　本書の発行にあたり、きょういくネットの山田三平氏、尾花清氏に大変お世話になりました。ありがとうございました。また、産業医・労働衛生コンサルタントの阿部眞雄氏より丁寧なご指導ご助言をいただきました。心より感謝申し上げます。

2021 年 4 月 1 日
杉本　正男

【著者プロフィール】
杉本　正男（すぎもと　まさお）
1950年生まれ
1972年 早稲田大学卒
2009年 教育職定年退職

＜資格・委員略歴＞
○産業カウンセラー（日本産業カウンセラー協会認定講師、認定カウンセラー）
○日本産業カウンセラー協会北関東支部
　「教職員メンタルヘルス支援の会」代表
○労働安全衛生アドバイザー（衛生管理者）
○認定ストレスチェック組織診断アドバイザー
○「教職員の公務災害防止対策に関する調査研究委員会」委員　（地方公務員災害
　補償基金）
○「公務災害防止啓発映像教材制作委員会」委員　（地方公務員安全衛生推進協会）
　（「学校給食の公務災害ゼロをめざして」ビデオ作成検討委員、全国市町村教委配布）

＜活動＞
○県・市町村教育委員会等主催の労働安全衛生研修会の講師歴
　熊本県、福岡県、香川県、高知県、岡山県、鳥取県、三重県、兵庫県、京都府、
　岐阜県、石川県、新潟県、山形県、静岡県、群馬県、栃木県、千葉県、熊本市、
　東大阪市、新潟市、相模原市、柏市、野田市、川越市、入間市、朝霞市、上尾市、
　掛川市、足立区、地方公務員災害補償基金千葉県支部
○労働局認定「衛生推進者資格取得講習会」講師
　　　＜担　当＞　労基法・労安法・労働衛生・労働生理
　　　＜開催県＞　東京都、埼玉県、石川県、愛知県
○市町村教委、学校、教職員の労働安全衛生に関する相談活動
○小・中・高等学校の労働安全衛生校内研修会の講師

＜著書＞
○「学校にローアンの風を」Ⅰ・Ⅱ（共著）　きょういくネット
○「健康で働き、人間らしい生き方を実現するために」シリーズ
　　　（さいたま教育文化研究所発行の季刊誌）
　　　この他、教職員の健康・安全に関する論文多数
＜ＨＰ＞「教員いきいき」〜教職員の労働環境を考えるページ〜
　　　　　http://kyouinikiiki.html.xdomain.jp/newhomepage/sp/

著者

杉本正男（すぎもと・まさお）
　1950 年生まれ
　1972 年　早稲田大学卒業
　2009 年　教員職定年退職

　産業カウンセラー
　労働安全衛生アドバイザー
　「教職員の公務災害防止対策に関する調査研究委員会」委員
　　　※くわしくは、127 頁、プロフィールの項をご参照ください。

労働安全衛生法で学校・教職員の働き方を変える
2021 年 5 月 15 日　初版　　定価はカバーに表示

著者　杉本正男

発行所　学習の友社
〒 113-0034　文京区湯島 2-4-4
電話　03-5842-5641　Fax　03-5842-5645
tomo@gakusyu.gr.jp
郵便振替　00100-6-179157
印刷所　プラス・ワン